U0037998

Into The

✦ Magic Shop ✦

你的心，
是最強大的魔法

一位神經外科醫師探索心智的秘密之旅

詹姆斯・多堤 James R. Doty, MD—著

林靜華—譯

來自各界的誠心推薦

本書敘述一位神經外科醫生如何探索我們的大腦和我們的心，並解開它們連結的奧秘。這個精采的故事從他的童年在一個善意的舉動之下改變了他的生命方向那一刻開始，一直到他在史丹佛大學創立一所慈悲研究中心。多堤醫師的生命故事向世人展示，我們每一個人都有能力改變，我們可以把這個世界變成一個更慈悲的地方。我相信許多讀者都會被這個具有啟發性的故事所感動，從而敞開他們的心胸，看到他們也可以怎樣幫助別人。

——**達賴喇嘛尊者**

多堤醫生以這本意義深遠與美好的書告訴我們他的生命故事，他向我們傳遞了一些他最重要的學習：沒有痛苦就不可能有快樂。慈悲來自我們深切了解自身的痛苦與他人的痛苦，當我們心中生起慈悲時，我們才能得到真正的快樂。

——**一行禪師**

這是一本感人肺腑、啟迪人心的書，即便我們發現自己面臨最艱難痛苦的環境，慈悲依然可以使我們敞開心胸，轉化我們的生命，本書就是一個強有力的例證！

——**《西藏生死書》作者／索甲仁波切**

這是一部有關慈悲與善念的力量的感人自傳，神經外科醫師詹姆斯．多堤在書中分享了他激勵人心的生命故事，從生長於看似難以克服的貧困環境中，接受了一個改變他生命的禮物，後來獲得不凡的成就，又在一夕之間全部失去，但他卻在這種情況下發現，心和大腦都可以改變一個人的心靈。

——**華頓商學院教授、《給予》作者／亞當．格蘭特**

《你的心，是最強大的魔法》是一本半自傳、半科學探討的書，感人至深的情節與發現，讓我們明白我們自己內心也有一家小小的魔術商店、一個寧靜美好的地方，任何時候我們有需要都可以向內尋求。誠如詹姆斯．多堤所說，只要把門打開，我們就可以進去。

——**《哈芬登郵報》創辦人、《從容的力量》作者／雅莉安娜．哈芬登**

《你的心，是最強大的魔法》講述一段深入探索人的大腦與心的奧秘的旅程，故事精采、扣人心弦。神經外科醫師詹姆斯・多堤寫出了一個勇氣與慈悲的溫暖人心的故事！

——《EQ》作者／丹尼爾・高曼 博士

《你的心，是最強大的魔法》真實見證了當我們選擇以慈悲來定義自己時，魔法就會在我們的生活中如實展現。這是一本提升我們的心靈、為我們打開心胸的好書，儘管我們有時會聽到或讀到使我們對人性感到失望的事，任何人讀了這本書都會改變，變得更好！

——《無畏的心》作者／圖登・津巴 博士

《你的心，是最強大的魔法》真的是魔法！一個出身寒微的孩子後來成為一所著名學府的神經外科教授和慈悲心與利他主義研究中心的創始人，又是一位企業家與慈善家，這已經夠神奇了，而多堤醫師能以如此優美的文字敘述他的探索之旅，並樂於分享他的成功秘訣，使得這本書更加彌足珍貴！

——**《雙生石》作者／亞伯拉罕．佛吉斯 醫師**

當一位世界頂尖的神經外科醫師敞開心胸，暢談他自己充滿孤獨、恐懼、憤怒與羞慚的童年往事時，你知道你已進入一趟深入探討痛苦與脆弱的心靈之旅。這段旅程不但令人深深感動，並且發人深省。本書文辭優美、情感真摯，而且是一本教導我們如何保持平靜與開發心靈的實用「魔法」書。作者現身說法，告訴我們每個人都可以從自己身上找到生命中的實際情況與內心掙扎，然後去因應它、解決它。他已種下慈悲的種子，現在該由我們自己來培育它。

——**大英帝國騎士勳章得主、《慈悲心》作者／保羅．吉伯特 博士**

雖然我們不能時常選擇生命中會發生的事，但我們卻可以選擇培養我們的慈悲心與智慧。神經外科醫師詹姆斯．多堤在領悟並接受人生是由失敗與成功交織而成之後，將大腦與心之間的奧妙關係及科學依據分享出來，其中有痛苦也有希望。《你的心，是最強大的魔法》是一段引人入勝的探索之旅，敘述一名少年如何掙扎面對個人的挑戰，以及在無意中走進一家魔術商品店之後竟意外地轉變了他的人生。這本書也一樣可以轉變你的人生！

——**人道主義攝影家、「露西獎」得主／麗莎・克里斯汀**

我們常會讀到一本打開之後就欲罷不能的好書，《你的心，是最強大的魔法》就是這樣的一本好書。這個令人辛酸但最後得到救贖的故事絲絲入扣、引人入勝，它有趣、迷人、有啟發性，會使你笑、使你哭、擾動你的心，使你打開心胸，震撼你的心靈。名聞遐邇的詹姆斯・多堤醫師同時運用慈悲與智慧這把雙刃解剖刀為我們打開覺知，他是心靈的外科醫師，一個會讓你驚叫「OMG！」的無神論者。這是一本具有無比影響力的感恩與頓悟之書！

——**「全國猶太教領導及學習中心」副主任／厄文・庫拉拉比**

老實說，詹姆斯・多堤的書原本不在我的閱讀書單上，後來我陰錯陽差地讀了第一頁，立即被詹姆斯坦率、不設防、娓娓道出的這個最扣人心弦、最深刻的故事所吸引。他帶我們進入一趟迷人的生命之旅，從一個貧困的童年力爭上游，到人類成就的高峰。這是一個富有啟發性、真知灼見以及人生智慧的故事，會讓我們愛不釋手，但願能一直讀下去。閱讀他人的生命故事能夠改變你自己的生命嗎？不妨和詹姆斯・多堤一起進入《你的心，是最強大的魔法》，看你會有什麼新發現？

——**艾美獎得獎編劇、製片家／尼爾・羅金**

《你的心，是最強大的魔法》會改變你的大腦迴路！作者在一家魔術商品店的偶遇使他的人生有了巨大的轉變，這是一個真實的個人心路歷程，也是對慈悲的力量、克服逆境，以及發掘自身內在潛能的一個樂觀又激勵人心的見證！

——**美國「The Blaze」廣播網創辦人／格林・貝克**

詹姆斯的魔法故事，以及他與我們分享生命歷程的真知灼見，是一個不平凡的禮物，我鼓勵大家張開雙手迎接，他的每一句話與他的「心的字母表」都值得我們全心關注，將它設為我們的人生目標，它的回報是你會發現打開彼此的心和與世界連結的力量。

——**「瞻博網路公司」執行長／史考特・奎倫斯**

這是我所讀過最具說服力與啟發的書之一，我們隨著作者踏出每一步，他和貧困、創傷奮鬥，然後成為世界級的腦科醫生，擁有卻又失去財富，然後學到深刻的人生課程。魔法就在每個人的心中，一本引人入勝、深刻又出類拔萃的作品！

——**《大腦快樂工程》作者／瑞克・韓森**

《你的心，是最強大的魔法》是一段引人入勝的探索之旅，神經外科醫生詹姆斯・多堤精采的個人經歷使我們了解，正確的知見與同理心可以轉化我們的生命，並使世界變得更好。讀過之後，你也可以在心的奧秘與雄偉中找到魔法，為我們自身和全體的生命帶來健康與療癒。

——**《第七感》作者／丹尼爾・席格 醫師**

這是一個跨越宗教與障礙、關於信念的故事，書中闡述儘管面對人生種種重大挑戰仍須懷抱希望，以及如何施展魔法開啟潛能與療癒之門。《你的心，是最強大的魔法》是一位腦神經外科醫師的生命之旅，他的人生有成功也有失敗，但始終不離希望、善念與慈悲。這是一本觸動人心、感人肺腑的書！

——「**世界基督教協進會**」**前執行長／瓊安．布朗．坎貝爾 牧師**

一本觸動人心的自述，體現出慈悲的力量不僅可以改變一個人的生命，甚至可以改變全世界。文字簡潔有力、扣人心弦！

——**《做自己的總管》作者／奇普．康利**

《你的心，是最強大的魔法》不但是一個令人感動、引人入勝的見證，作者同時也在書中勸勉讀者過更慈悲、更有意義的生活。這是一本具有高度啟發性的好書！

——**《利他心》作者／馬修．李卡德**

我想不起有哪一本書能像這本書如此精采地敘述作者不可思議的生命故事：從一個貧苦困頓的少年，成為知名的神經外科醫師和富有的企業家。多堤醫師從拿起手術刀拯救無數病患的生命，到用他的慈悲心豐富他人的生命，娓娓道出他的故事，內容精采動人，是一本能激起共鳴的好書！

——**《路西法效應》作者／菲利普．金巴多 博士**

多堤醫生的回憶錄不但發人深省，而且引人入勝。他道出一個神經外科醫師的心路歷程，不僅告訴讀者什麼是生命中最重要的東西，同時也詳述如何去實現。當你隨著他的生命歷程上下起伏之際，你也不自覺地進入了這個魔法。

——**《信任的真相》作者／大衛．狄斯德諾 博士**

難得有一本書這麼快就讓我深深著迷，愛不釋手，《你的心，是最強大的魔法》讓我們看到本著慈悲心與勇敢無畏的精神生活的力量。

——**《女性的心靈雞湯》作者／瑪西．許莫夫**

一本震撼人心、感人至深、充滿靈性且美不可言的好書，果然是真的魔法！

——**《歐尼斯光譜保健法》作者／狄恩．歐尼斯 醫師**

難得有一個人能如此坦然地說出他扣人心弦的生命故事，激發他人的想像，促使他們與自己內心最深處、最美好的自我連結，並將它們體現出來，發揚光大。這本書充滿了神奇，但最神奇的是詹姆斯在十二歲那年就能敞開心胸學習與心的連結，即便在他最困頓的時候，也因為對它有足夠的信心而始終沒有與它完全斷了線，如今終於可以看到它所展現的成果。

——**《正念療癒力》作者／喬・卡巴金 博士**

多堤醫師這本具有震撼力的著作證明了信心與慈悲可以超越宗教、種族與國籍，並且可以協助一個人克服逆境與破除個人的侷限。這是一本深具啟發性的好書！

——**「生活的藝術基金會」創始人／詩麗・詩麗・若威・香卡**

史丹佛大學神經外科醫師詹姆斯・多堤跟我們分享他困苦的童年故事，以及他十二歲那年如何在一家魔術商品店遇見一位不平凡的婦人，從而改變了他的人生。這是一個動人的故事，同時也為我們指出一條打開我們心胸、啟迪我們心靈的道路。

——**《搜尋你內心的關鍵字》作者／陳一鳴**

舉世聞名的神經外科醫師詹姆斯・多提寫了這本《你的心，是最強大的魔法》，敘述他如何從逆境中力爭上游，以及他在一家魔術商店受到一位婦人的影響而大大改變了他的生命軌跡的心路歷程。婦人的指點改變了他的世界觀和價值觀，使他展現心的力量去改變一切，並以慈悲的力量去療癒他人。這是一本極有說服力、能改變你的生命的自傳！

——**美國國會議員、《正念國家》作者／提姆・萊恩**

《你的心，是最強大的魔法》敘述一個令人感動與啟發心靈的轉化故事，它引導我們如何過更美好、更慈悲的生活。

——**《解讀情緒密碼》作者／保羅・艾克曼 博士**

詹姆斯完成了一本令人讚嘆的書，他透過引導他走上通往實踐、愛與智慧的天賦才能，和我們分享他充滿痛苦、失望與羞慚的童年創傷。《你的心，是最強大的魔法》告訴我們，每個人也都具有這種本能，我非常佩服詹姆斯能透過本書的魔法將這種能力傳遞給讀者。

——《靜心冥想的練習》作者／雪倫・薩爾茲柏格

真正的療癒要兼顧生理與心靈，當你體驗到愛與慈悲時，你的身體會進入平衡穩定的狀態並自我調節。當你療癒自己時，你同時也療癒他人，反之亦然。你的善行與慈悲是世間真正的療癒力量，詹姆斯・多堤醫師在這本令人讚嘆的書中為你指出這個方法。

——《超腦零極限》作者／狄帕克・喬布拉 醫師

多堤醫生敘述了一個令人著迷的故事，從絕望心痛一路鋪陳到擁有特權與成就的顛峰，接著又著陸在大量的關懷與獻身慈善。他少年時期在小鎮的商店街認識一位神仙教母，她揮動大愛無私的魔杖，引導他探索內在的生命與宗旨。少年詹姆斯超越了一般反思焦慮與缺乏自信的陷阱，憑著一股勇氣，終於找到他自己的大愛目標，以及對人類深切的承諾。

——「公益科學中心」科學部主任／艾蜜莉安娜・西門—湯瑪斯 博士

獻給露絲及所有和她一樣無私奉獻他們的真知灼見與智慧的人

獻給達賴喇嘛尊者，感恩他不斷教導我慈悲的眞義

獻給我的靈感泉源——我的妻子瑪莎，及我的孩子珍妮佛、塞巴斯汀與亞歷山大

目次

PART 2

大腦的奧秘

PART 3

心的奧秘

前言

美好的事

手術刀劃開頭皮時會發出一種聲音——像撕開一大塊魔鬼氈，聲音很大、很刺耳，甚至帶點感傷。醫學院沒有傳授腦部手術的聲音與氣味的相關課程，但他們應該開這門課的。電鑽穿過顱骨時也會發出低沉的嗡嗡聲，先在顱骨上鑽出幾個鑽孔，接著鋸子沿著鑽孔排成的一條線切開顱骨時，會散發出一種氣味，有點像在夏天聞到的鋸木屑。顱骨從硬腦膜——覆蓋大腦的一層厚膜囊，是阻隔大腦與外界的最後一道防線——被揭開時，又會很不情願地發出「啵」一聲。剪刀緩緩剪開硬腦膜，你可以看見底下膠狀的腦髓隨著每一次心跳規律地振動，有時似乎還能聽見它在抱怨，抗議它被赤裸裸地、脆弱地展現出來——它的所有秘密在手術室刺眼的燈光下一覽無遺。

穿著醫院病人服的小男孩躺在病床上，等著被推進手術室，他看起來好小。

「我的外婆有幫我禱告，她也有幫你禱告。」

小男孩的母親聽了這句話後，大聲吸了一口氣後又用力吐氣。我知道她在為她的兒子、為她自己，甚至為我，盡可能地表現她的勇敢。我摸摸他的頭，他有一頭棕色的頭髮，細細長長的——與其說他是個兒童，不如說他是個娃娃更貼切些。他告訴我他剛過完生日。

「你希望我為你解說今天要發生的事嗎？冠軍，還是你已經準備好了？」他喜歡我叫他冠軍或伙伴。

「我要睡覺，你要把我腦袋裡的『壞東西』拿出來，這樣我就不會再頭痛了，然後我就可以看到媽咪和外婆。」

這個「壞東西」是個髓母細胞瘤（Medulloblastoma），是最常見的兒童腦部惡性腫瘤。它長的位置在後顱窩（顱底）。髓母細胞瘤這個專有名詞對成人而言發音都很困難，更何況是一個才四歲的小男孩，無論他有多麼早熟都一樣。兒童腦瘤真的是個壞東西，我同意這種說法。髓母細胞瘤是長在極對稱的大腦內的畸形細胞，通常具有高度侵犯性。它們會從小腦的兩葉開始慢慢長大，不但逐漸壓迫小腦，還會繼續壓迫腦幹，最後阻塞顱內液的循環通道。人類的大腦是我所見過最美麗的東西，能探索它的奧秘並找到方法去治療它，是一個我永遠不會等閒視之的特權。

「我覺得你已經準備好了，現在我要去戴我的超級英雄面具，我們在那個亮亮的房間內碰面。」

他對我微笑。手術口罩和手術室往往令人心生膽怯，今天我稱它們為超級英雄面具和亮亮的房間，他才不會害怕。人的心理是個有趣的東西，但我不打算對一個四歲的孩子解釋它的意涵。我遇到過的最有智慧的病人中，有一部分是兒童。兒童的心是敞開的，他們會告訴你他們害怕什麼、喜歡什麼，以及他們喜歡你哪一點和他們不喜歡什麼，毫不隱藏。你不需要猜測他們**真正**的感覺。

我對他的母親和外婆說：「手術期間會有人向妳們報告進度，我期待能完全切除，我不希望留下任何併發症。」這不單單是外科醫師安慰病人家屬的話——我的計畫也是徹底並有效地切除整個腫瘤，然後將一小塊切片送去實驗室化驗，看這個「壞東西」到底有多麼壞。

我知道小男孩的母親和外婆都很害怕，因此我輪流和她們握手，希望給她們一點信心與安慰。這不是一件容易的事。一個小男孩每天早晨哭著喊頭痛是每個家長最可怕的夢魘。母親相信我，外婆相信上帝，我相信我的團隊。

我們將一起努力拯救這個孩子的性命。

麻醉醫師讓他數了幾下睡著後，我將男孩的頭放在固定頭顱的頭架內，然後讓他俯臥。我拿出電動剪子。雖然手術部位通常都由護士執行剃髮的準備工作，但我喜歡自己來，這是我的一貫作業。我一邊緩緩剃髮，一邊想著這個備受家人珍寵的寶貝，並在內心將每個手術細節仔細想過一遍。我先剪下一小撮頭髮，遞給機動護士放進一個小塑膠袋，準備交給男孩的母親。這是他被剪下的第一撮頭髮，雖然他的母親此刻不會關心這件事，但我知道這件事將來對她而言意義重大。它是你會想要牢記的一個里程碑。第一撮頭髮、第一顆掉落的乳牙、第一天上學、第一次騎腳踏車，但這份清單不包括第一次動腦部手術。

我輕輕剪下這些淡棕色的纖細髮絲，希望我的小病人能體驗到每一個第一次。在我內心，我可以看見他在微笑，門牙的地方露出一個大洞。我看見他一邊肩頭扛著一個幾乎和他一樣大的背包走進幼稚園。我看見他第一次騎腳踏車──第一聲自由自在的歡呼，兩腳用力踩著踏板，風吹拂著他的頭髮。我繼續剃除他的頭髮，想到我自己的孩子，所有這些第一次的影像在我的心中是如此清晰，使我無法再想到其他將來。我不想看到一個住進醫院、治療癌症，以及有接二連三手術的將來。身為兒童腦瘤存活者，他會有許多必須密切觀察的地方，但我拒絕看到他的未來和他過去一樣經常噁心、嘔吐、不時跌倒、清晨醒來哭著找媽媽，因為那個「壞東西」壓迫他的大腦使他頭痛。沒有這個「壞東西」的攪和，人一生中的煩惱已經夠多了。我持續小心剃除他的頭髮好進行我的工作。我在他的頭顱底部即將手術的地方畫上兩個點，然後在兩點之間畫了一條直線。

腦部手術很困難，後顱窩的手術更困難，病人如果是個幼兒則更加困難。這個腫瘤很大，手術非常緩慢，而且必須非常精確，眼睛要透過顯微鏡，連續幾個鐘頭全神貫注在一個標的上。身為外科醫師，我們被訓練成在進行手術時，必須要關閉我們的身體反應。我們不能上廁所，不能吃東西。我們被訓練漠視我們的背痛和肌肉痙攣。我還記得我第一次進手術室擔任一位名醫的助手，他不但醫術精湛，同時以手術時暴躁易怒、自尊自大聞名。我戰戰兢兢，十分緊張，在手術室內站在他的旁邊，臉上開始大量冒汗。我戴著口罩呼吸沉重，眼鏡開始模糊。我看不見手術器具，甚至看不見手術部位。這麼多年來我努力用功，克服許多困難，現在終於站在這裡，如同我一直夢想的那樣進行手術，但我卻看不見任何東西。接著，令人意想不到的事發生了，一顆偌大的汗珠滾下我的臉頰，掉進消毒過的手術區。名醫大發雷霆。這本應是我生命中的一個高潮，我第一次進手術室，但我卻污染了手術部位，當下立刻被轟出手術室。我永遠忘不了那次經驗。

今天我的額頭是乾爽的，我的視力是清晰的，我的脈搏緩慢而穩定。經驗可以改變一切，而且在我的手術室內我不是獨裁者，也不是一個高傲的暴君。團隊的每一位成員都很重要，缺一不可，每個人都全神貫注在他或她分內的工作上。麻醉醫師監督孩子的血壓與含氧量、意識程度及心律。手術房護士不斷檢查器具與補給，確保我能隨時拿到需要的東西。男孩的頭部下方懸掛一個大袋子，用來收集血液和沖洗液，袋上有一條管子連接一臺大型抽吸機，並隨時測量袋內的液體，我們才知道什麼時刻流失了多少血液。

協助我的外科醫師是個培訓中的資深住院醫師，第一次加入團隊，但他和我一樣全神貫注在血管、腦組織，以及摘除腫瘤的細節上。我們不能想明天的計畫，或醫院的政策，或我們的孩子，或我們家庭中的不愉快關係。這是一個高度警戒的狀態，一種單一的專注，幾乎和禪修一樣。我們訓練意念，意念訓練肉體。你有一個良好的團隊，就會有協調完美的節奏與流暢——每個成員的工作都同步進行。我們的身、心團結在一起，如同一個諧和的智能。

我正在移除最後一塊腫瘤，它附著在大腦深處一條主要的引流靜脈上。後顱窩的靜脈系統非常複雜。我正在小心翼翼切除最後一部分腫瘤時，我的助手在抽吸液體，忽然一個短暫的恍神，他的抽吸動作扯破了靜脈，瞬間一切都停頓下來。

接著血液大量湧出。

從扯破的血管流出的血液立刻注滿手術區，並持續從這個可愛的小男孩腦部的傷口大量湧出。麻醉醫師大叫孩子的血壓急速下降，再繼續失血下去就無法維持穩定的血壓。我必須夾住血管止血，但它已被一汪血液淹沒，我看不見它的位置。單單我一個人抽吸血液無法控制出血，而我的助手因為過於驚嚇以至於雙手顫抖幫不上忙。

「他的心跳停止了！」麻醉醫師大叫，急忙爬到手術臺底下，因為小男孩的頭顱被固定在頭架內，面朝下俯臥，後腦向上。麻醉醫師一手在下、一手放在男孩的背上，開始擠壓他的胸部，試圖讓他的心臟恢復跳動。液體大量沖進靜脈注射管。心臟最主要、也是最重要的工作是輸出血液，現在這個維繫人體所有功能的神奇泵浦停止了，這個躺在我面前手術臺上的四歲小男孩即將大量失血而死。麻醉醫師持續擠壓男孩的胸部，傷口持續出血，我們必須止血，否則他會死亡。大腦消耗百分之十五從心臟輸出的血液，在心臟停止跳動後只能繼續維持幾分鐘，它需要血液，更重要的是，需要血液中的氧。我們必須緊急採取行動，否則他會腦死。大腦與心臟彼此緊密依賴。

我急著想夾住破裂的靜脈，但血管被血液淹沒看不見。孩子的頭雖然固定不動，但擠壓胸部的動作仍使它微微震動。組員知道，我也知道，時間緊迫。麻醉醫師抬頭望著我，我看到他眼中的恐懼……我們有可能失去這個孩子。心肺復甦術如同試圖以二檔啟動汽車離合器，並不是很可靠，尤其是在持續失血的情況下，我等於在盲目工作，因此我敞開我的心，接受一種超越理性、超越技術的可能，開始執行我在數十年前——不是在當住院醫師、不是在就讀醫學院時，而是在加州沙漠一間小小的魔術商品店的裡面房間——被教導的一項技巧。

我鎮定我的心。

我放鬆我的身體。

我觀想那條隱藏在裡面的血管。我用我的心眼去看它，它在這個小男孩錯綜複雜的神經血管之間。我盲目地伸手，但內心深知我們能看到比肉眼所見多更多的東西，我們每一個人都能創造遠遠超越我們認為可能的奇蹟。我們主宰自己的命運。我不接受這個四歲的小男孩命中注定今天要死在這張手術臺上。

我將打開的止血夾伸進那一汪血液中，慢慢合上夾子，然後緩緩收回我的手。血止住了，接著彷彿來自遠方，我聽見心跳監測器發出徐緩的信號，起先很微弱，不規律，但很快便增強、穩定，如同所有恢復跳動的心臟那樣。

我感覺我的心跳開始和監測器的信號一樣同步律動。

稍後，等手術完畢後，我會把剪下的第一撮頭髮交給小男孩的母親，我的小伙伴會從麻醉中安然甦醒。他會完全恢復正常。四十八小時內，他會說話，甚至會笑。我會告訴他，那個「壞東西」已經不見了。

走進魔術商店

1 眞實的魔術

一九六八年，美國加州蘭開斯特市

我發現我的拇指不見了的那一天，和我升上八年級前那個暑假的任何一天沒有兩樣。暑假期間，我每天都騎著腳踏車在街上閒逛，即便有時天氣熱得讓腳踏車的金屬把手和爐臺一樣燙手也一樣。我常有吃進沙子的感覺——有沙塵、有雜草，譬如沙漠中對抗熾熱的陽光，在熱浪中奮力求生的金花矮灌木與仙人掌。我的家庭十分貧困，我時常挨餓。我不喜歡挨餓，我不喜歡貧窮。

蘭開斯特最著名的一件事是大約在二十年前，戰鬥機飛行員查克・葉格（Chuck Yeager）在這附近的愛德華空軍基地突破音障的壯舉。這裡整天都有飛機在頭上飛，訓練飛行員與測試飛機。我常想，查克・葉格駕駛貝爾X-1戰鬥機，以一馬赫超音速打破人類前所未有的紀錄不知是何感覺。他從四萬五千呎的高空以任何人都無法想像的高速飛行，蘭開斯特在他眼中想必極為渺小與荒僻。我踩著腳踏車的踏板時雙腳才離地一呎，但在我眼中，它已是非常渺小與偏僻了。

那天早上我發現我的拇指不見了。我平時都把它放在床底下的一個木盒內，我把我所有的寶物都藏在那裡，裡面有一本小筆記本，筆記本內有我的信手塗鴉、幾首只寫給自己看的詩，以及一些我在無意中聽到的傳聞——譬如，全世界每天有二十家銀行被搶劫，蝸牛可以連續睡三年，在印第安那州遞香菸給猴子是違法行為。盒子裡還有一本戴爾・卡內基的著作《如何贏取友誼與影響他人》。這本幾乎被翻爛的書詳列六種如何贏得他人喜歡的方法，而我可以一條條背出來。

1. 眞心誠意關懷他人
2. 面帶微笑
3. 切記，一個人的名字對這個人而言，是任何語言中最甜美與最重要的聲音
4. 做一個好聽眾，鼓勵他人談他們自己
5. 與人交談時要談對方有興趣的事
6. 使對方感到被重視，而且態度要眞誠

我和任何人交談時都盡量做到這六點，不過我總是閉著嘴巴微笑，因為我小時候跌倒，上唇撞到茶几，磕斷了兩顆前面的乳牙。正因為這樣，後來長出的門牙是歪的，而且是黃板牙。我的父母沒有錢幫我矯正牙齒，因此我羞於張口微笑時露出不整齊的黃板牙，總是盡可能閉合著嘴巴。

除了這本書外，我的木盒內還有我的所有魔術道具——一盒做了記號的紙牌，幾個暗藏機關、可以使五分鎳幣變成一毛銀幣的錢幣，以及我心愛的寶貝：一個可以藏匿一條絲巾或一根香菸的塑膠拇指。這本書和我的魔術道具對我來說極為重要——那是我父親送我的禮物。我花了許多時間練習運用那個拇指，學習如何握緊我的手使它不至於太明顯，以及如何靈巧地將絲巾或香菸塞進拇指內，使它彷彿神奇地瞬間消失。我已練到可以瞞過我的朋友和我們公寓社區的鄰居，但今天這個拇指不見了，消失了。我心裡很難過。

我的哥哥照例不在家，我猜想也許他拿走了我的拇指，或者至少知道它在哪裡。我不知道他每天都去什麼地方，但我決定騎我的腳踏車出去找他。那個拇指是我最心愛的寶貝，少了它我一無所有。我必須把我的拇指找回來。

我騎著腳踏車來到只有一排商店的I大道。我平時很少來這裡，因為它除了一排孤伶伶的商店外什麼也沒有，放眼望去只有空曠的田野和雜草，街道兩旁豎立著長約一哩的鐵網圍籬。我看到小市場前面有一群較大的孩子，但沒看見我的哥哥。我暗暗鬆了一口氣，因為假如看到一群孩子當中有我哥哥，那八成是有人在找他麻煩，我就會過去保護他並和那些人打架。哥哥比我大一歲半，但個子比我小，小流氓都喜歡欺負那些沒有能力自衛的人。市場隔壁是一家驗光配鏡行，再過去是一家我從未進去過的商店——兔子仙人掌魔術商店。我在那一排商店前面停下來，隔著停車場望過去，整間店面由五片垂直的玻璃組成，左邊有一扇玻璃門。陽光反射在沾滿塵土的玻璃上，因此我看不見裡面有沒有人，但我牽著腳踏車走到門前，希望它有在營業。不知道他們有沒有賣塑膠拇指，還有售價是多少。我身上沒有錢，但看看也無妨。我把腳踏車停靠在商店前的一根柱子上，迅速瞄一眼市場前的那群孩子。他們似乎沒注意到我或我的腳踏車，於是我把它停在外面，伸手去推門。起初我推不動它，但接下來彷彿有魔術師揮動魔杖，門滑順地開了，我走進去時，頂上有個小鈴鐺發出聲音。

我第一眼看到的是一個長長的玻璃櫃，裡面裝滿一盒盒的紙牌、魔杖、塑膠杯及金幣。沉重的黑色箱子緊貼著牆壁整齊堆疊，我知道那是舞臺魔術表演的道具。大型書架上陳列許多與魔術及幻象有關的書籍，角落裡甚至有一座迷你斷頭臺和兩個用來把人鋸成兩半的綠色箱子。一位棕色鬈髮老太太正在閱讀一本平裝書，她的眼鏡架在鼻尖上。她面帶微笑，繼續看她的書，一會兒後才摘下她的眼鏡，抬頭直視我的眼睛。在這之前，從來沒有一個大人這樣看著我。

「我叫露絲，」她說，「你叫什麼名字？」

她的臉上現出一個大大的微笑，她的眼睛是棕色的，非常慈祥，我不禁也對她微笑，完全忘了我不整齊的黃板牙。

「我叫詹姆斯。」我說。在這一刻之前我叫鮑伯，我的中間名是羅勃。我不記得為什麼我叫鮑伯，但不知為什麼，當她問我時我回答：「詹姆斯。」它因此成為我後來一直使用的名字。

「哦，詹姆斯，很高興你進來了。」

我不知道如何回答她。她持續注視我的眼，然後嘆一口氣，但那是歡喜的嘆氣而不是悲傷的嘆息。

「我能為你做什麼？」

我的腦子一片空白，我忘了我為什麼走進這家商店。那種感覺就跟你坐在椅子上一直往後仰，直到它快翻過去了你才驚覺一樣。她耐心地等待，依舊面帶微笑，直到我想出回答她的話。

「我的拇指。」我說。

「你的拇指？」

「我的塑膠拇指不見了，你們有沒有？」

她望著我，微微聳肩，彷彿不懂我在說什麼。

「我變魔術用的，它是一種魔術道具。妳知道，一種假的拇指，一種塑膠製的拇指套。」

「讓我偷偷告訴你，」她說，「我對魔術道具一無所知。」我看看四周滿坑滿谷各式各樣的道具，再看看她，無疑的，我臉上的表情一定很驚訝。「這家店的老闆是我兒子，但他現在不在，我只是坐在這裡看書，等他出去辦完事回來。我對魔術或拇指道具一無所知，很抱歉。」

「沒關係，我反正只是進來參觀。」

「當然，你儘管看，如果找到你要的東西請告訴我一聲。」她笑著說。我雖然不明白她為什麼笑，但那是和氣的笑聲，不知道為什麼我聽了很舒服。

我在店內東看看西看看，觀賞那一排排的魔術紙牌、道具和書籍。其中甚至有個展示櫃裝滿塑膠拇指。我在觀賞時可以感覺到她一直在注視我，但那種注視和我家隔壁商店老闆的注視不一樣，我確信他一定認為我會偷他的東西。我每次走進他的店，都覺得他用懷疑的眼光看我。

「你住在蘭開斯特嗎？」露絲問。

「是的，」我說，「但我住在鎮上的另一頭，我只是騎腳踏車出來找我哥哥，然後我看到妳的店，便決定進來看看。」

「你喜歡魔術？」

「很愛。」我說。

「你愛它什麼？」

我想說我覺得變魔術很酷、很有趣，但我卻脫口說道：「我喜歡把一件事練習得非常純熟。我喜歡我能掌握它，無論成不成功都在於我，不管別人說什麼或想什麼都無所謂。」

她沉默了好一會兒，我忽然覺得很尷尬。

「我明白你的意思，」她說，「告訴我，這個拇指可以做什麼？」

「哦。你把拇指套在你的大拇指上，觀眾會以為那是你的真的拇指，但你還是要稍微掩飾一下，因為如果仔細看，還是可以看出它是假的。它的裡面中空，你可以把它從你的拇指拿下來，藏在你的另一隻手掌內，像這樣。」我做了一個經典魔術動作給她看——我用一隻手抓住另一隻手，然後快速移動手指，「你把拇指偷偷藏在另一隻手中，然後你可以把一條小絲巾或一根香菸塞在它裡面，繼續做幾個動作，再把假拇指套在你的手指上，但這時候它的裡面已經藏了東西。你可以使它看起來好像東西神奇地消失了，或者相反的，使它看起來好像神奇地憑空變出來。」

「我明白了，」露絲說，「你練習魔術多久了？」

「好幾個月。我每天練習，有時練幾分鐘，有時練一小時，但是每天都練。剛開始很難，即使照著書上的指導練都很難，但以後會越來越容易，任何人都能做到。」

「聽起來像是一個不錯的魔術，你能夠有恆心地練習真的很棒，但你知道它為什麼會成功嗎？」

「什麼意思？」我問。

「你認為這個魔術為什麼會瞞過別人？你說這個拇指一看就知道是假的，那為什麼它還能瞞過別人？」

她的表情突然變得很認真，似乎真的希望我能教她什麼。我不習慣別人，尤其是成年人，要求我對他們解說什麼或教他們什麼。因此我想了一下。

「我想是因為魔術師的技巧太好，所以能瞞過別人。他們看不出他熟練的手法。你在變魔術時必須不斷分散觀眾的注意力。」

她笑了。「分散注意力，說得太好了，你很聰明。那你想不想聽我說為什麼我認為魔術能成功的原因？」她在等我回答。這又是一個奇特的感覺，因為我也不習慣成年人在告訴我一件事之前先徵求我的同意。

「當然想。」

「我認為魔術能瞞過別人是因為觀眾只看到他們內心以為的東西，沒有看到真相。這個拇指魔術之所以成功，是因為人心是個奇怪的東西，它會去看它想看的，而它想看到一個真的拇指，所以他們就把它看成一個真的拇指。人的大腦雖然忙碌，但它其實很懶。還有，這個魔術之所以成功，如你所說，因為人們很容易分散注意力，但他們不是因為魔術師手上的動作而分散注意力。許多人看魔術表演並非真的想看魔術表演，他們是對昨天發生的事感到遺憾，或為明天即將發生的事而擔憂，所以一開始他們的心並不是真的專注在魔術表演上，這樣他們又怎麼看得出那是個塑膠拇指？」

我不太明白她這番話的意思，但我還是點頭，我想晚一點再仔細想一想，在腦子裡重播她的話，弄明白她的意思。

「你不要誤會，我相信魔術，但不是那種需要道具、技巧及手法的魔術。你知道我說的那種魔術嗎？」

「不知道，不過聽起來很酷。」我說。我希望她繼續說下去。我喜歡我們的交談，它讓我有被重視的感覺。

「你有玩過火的魔術嗎？」

「哦，你也可以用那種拇指來變點菸的魔術，但我沒有試過，你必須用火來點菸。」

「好，你想像有一個閃爍的小火光，你有能力將它變成一團巨大的火焰，像火球那樣。」

「聽起來很酷，要怎麼做？」

「它很神奇。只要一樣東西，你就可以將這個小火光變成一個巨大的火球，那就是你的心。」

我不懂她的意思，但我喜歡這個點子。我喜歡能把人催眠的魔術師，用他們的意念使湯匙彎曲，使人飄浮。

露絲雙手合掌。

「我喜歡你，詹姆斯，我很喜歡你。」

「謝謝。」聽她這麼說我很高興。

「我只來這裡住六個星期，如果你願意在這六週期間每天來看我，我會教你一些魔法，那是你在商店買不到的，而且它能幫助你變出你想要的任何東西，真實的，不是戲法，不是塑膠拇指，也不是什麼花招。你覺得如何？」

「為什麼要教我？」我問。

「因為我知道如何把一個小火點變成一團火焰。這是以前有個人教我的，我想現在輪到我來教你了。我看得出來你很特別，如果你能夠每天都來，一天都不要缺席，你就能學會。我向你保證。但它需要認真練習，你要比練習你的拇指魔術更努力練習我教你的魔法，我可以向你保證，我要教你的東西將會改變你的一生。」

我不知道如何回答。從來沒有人對我說我很特別，但我明白，假如露絲得知我的家庭真相和我是什麼樣的人，她一定不會覺得我很特別。我不知道我是否應該相信她能教我把東西憑空變出來，但我喜歡繼續和她交談，如同今天那樣。與她相處讓我感到很舒坦、很快樂，幾乎像一種被愛的感覺，儘管這種感覺來自一個全然陌生的人似乎很奇怪。除了她的眼神，她看起來和任何人的奶奶沒有兩樣。她的眼神透露出深奧、神秘與探險，而且這位老太太主動提議教我一些可以改變我一生的東西。多麼怪異的事。她到底行不行？我不知道，但我知道我不會有任何損失。我內心充滿期待，因為我很久沒有這種感覺了。

「你怎麼說？詹姆斯，你準備學習真的魔法嗎？」

就這麼簡單一句話，我的整個生命軌跡，以及先前命運為我所做的安排，就此改變了。

2 放鬆身體

打從文明肇始迄今，人類的智力與意識的來源一直是個謎。西元前十七世紀，埃及人相信智力存在於心臟，他們崇敬它，死後連同其他內臟一起被保存起來。在古埃及人的眼中，大腦是個無用的東西，因此他們用一根鉤子從死者的鼻孔伸進去，將腦髓挖出來丟棄，再將死去的肉體製成木乃伊。到了西元前四世紀，亞里斯多德相信大腦的主要功能是冷卻血液，這是為什麼人類比「熱血」的野獸更理性的原因（人類的頭腦比野獸大）。大腦不重要的觀念歷經五千年後才逐漸逆轉，這還是因為有人在遭逢意外事故或在戰爭中腦部受傷後顯現出思想或功能障礙，人類才開始明白大腦是我們的認知中樞。但我們雖然學到許多腦部的構造與功能，我們對大腦的了解仍非常有限。事實上，在二十世紀，大多數人仍以為大腦是固定的、不變的，並且是靜止的。今天我們知道大腦有極大的可塑性，並且可以改變、適應及轉化。它被經驗、重複及意圖塑造定型。由於過去數十年來科技突飛猛進，我們才能了解大腦在細胞、基因，甚至分子層次上的轉化能力。更有甚者，就我所知，我們每個人都有能力改變我們的腦神經迴路。

我的第一次神經重塑經驗是從露絲那裡獲得的，地點在那一家魔術商店的裡面房間。那年我十二歲，當時並不知道，但在那六個星期中，她逐步重塑我的大腦。她當時所做的事，許多人會說不可能。

我沒有告訴任何人我打算每天造訪那家魔術商店，不過，反正也沒有人會問。蘭開斯特的夏天給人的感覺彷彿某種燠熱、疾風、幾乎沒有止境的煉獄——我常有一種不安定的感覺，好像應該做些什麼，但實際上又無事可做。我居住的公寓社區四周只有夯土與風滾草，偶爾會多出一輛報廢的汽車或被丟棄的破銅爛鐵。人家不要或者不再需要的東西，就把它扔在沒有人會注意的地方。

孩童——大人也一樣——當關係緊密、彼此互相依賴時，他們會有最好的表現。人的大腦渴望這兩樣東西，但在我家，這兩樣都沒有，沒有固定的吃飯時間，沒有鬧鐘叫你起床上學，也沒有上床睡覺的時間。我母親的憂鬱症如果輕一點可以下床，她也許會做一頓飯，那還是家裡有糧食的時候，萬一沒有，我只有餓著肚子上床睡覺，或出去找朋友，希望他能留我吃飯。我想我是幸運的，因為我不像我的多數朋友一樣必須準時回家。我通常不到天黑不回家，因為我知道如果我早一點回去，往往會看到家中在上演吵架的戲碼或發生其他事件，使我但願身在其他地方，或生為其他人。有時你最希望的是能有個人跟你說話，告訴你任何事，因為那意味著你被重視；有時則不是你不被重視的問題，而是你沒有被看見，你周圍的人的痛苦使你成為隱形人，使他們看不見你。我總是假裝我很幸運，因為沒有人會來煩我——叫我寫功課、叫我起床上學，或叫我穿什麼衣服。但那只是假裝幸運。青春期的孩子嚮往自由，但必須是在一個安穩的基礎上才談得到渴望自由。

✦✦✦

露絲要我每天上午十點鐘到她店裡。第一天我早早就起床，有一種彷彿我的生日與耶誕節在同一天的興奮感。前一天晚上我高興得睡不著覺。我不知道她要教我什麼，我也不在乎，我只想再和她聊天，而且有地方可去的感覺很好，讓我有被重視的感覺。

第一天，我騎我有著白色香蕉形坐墊的橘色Schwinn Sting-Ray腳踏車抵達魔術商店時，從窗外就能看見露絲。我之所以記得如此清楚，是因為這輛腳踏車是我所擁有的最值錢的東西，而且是用我自己的錢買的，我在漫長的暑假中頂著烈日幫人修剪草坪掙來的錢。停車時，我看到露絲戴著一個藍色髮箍，撥開了散落在臉頰上的棕色垂肩長髮，眼鏡用一條鍊子掛在胸前。她身上的衣服很像我們在學校上美術課時穿的大罩袍，顏色和蘭開斯特早晨的天空一模一樣——淡淡的藍夾雜著一絲絲白色橫紋。我每天早晨醒來第一件事就是從我的窗口望出去，不知什麼原因，看著藍色的天空總讓我感到充滿希望。

露絲對我露出燦爛的微笑，我也對她微笑，但我感覺我的一顆心在胸腔內怦怦亂跳。我明白部分原因是我腳踏車騎得很快，部分原因是我不知道等一下會發生什麼，我甚至不明白為什麼會發生。這件事昨天聽起來似乎是個不錯的主意，今天早晨我和往常一樣騎著腳踏車穿過只有風滾草的茫茫荒地時，儘管和以前一樣漫無目的、仍嚮往在某個地方停留，但心境卻似乎比往常更快樂。然而，此刻我卻一點把握也沒有。

我走進去後會發生什麼？萬一我不夠聰明，學不來她要教我的魔法呢？萬一她發現我家的真相？萬一她是個瘋子，綁架我、把我帶到沙漠，對我的屍體施以黑魔法呢？我以前曾看過一部名叫《巫毒女人》的電影，這時忽然懷疑露絲會不會是個瘋狂的巫婆，想把我變成一個怪物，用她的心智控制我，然後占領全世界。

我伸出去的手忽然變得軟弱無力。門已被推開，卻在瞬間變得非常沉重，頑強地抵制我。我看看躺在門邊的腳踏車，再看看空蕩蕩的停車場。我在做什麼？我為什麼會同意？我大可騎上腳踏車離開，永遠不再回來。

露絲笑吟吟地叫我。「詹姆斯，真高興見到你，我剛才還以為你不會來了呢。」她像個老奶奶似地對我點頭，揮手叫我進去。我感到一陣溫暖，她看起來似乎不像存心傷害我的巫婆。

「你騎腳踏車過街的樣子彷彿有人在背後追你。」我進門時她說。我常感覺有人在後面追我，但不知道誰在追我。

我立刻羞愧得面紅耳赤。也許她已看出我的恐懼或疑慮；也許她有一雙透視眼。我低頭望著腳上的舊網球鞋，右腳鞋面上有個小破洞。我覺得很糗，趕緊縮起我的腳趾，免得被她看到。

「這是我的兒子，尼爾。他是一個魔術師。」她或許已經發現我球鞋上的破洞，但她沒有說出來。

尼爾看起來一點也不像魔術師。他戴著一副黑框眼鏡，頭髮是棕色的，和他的母親一樣。他的外表和一般人沒有兩樣，沒有魔術師高帽、沒有披風、沒有小鬍子。

「聽說你喜歡魔術。」尼爾說話的聲音緩慢而低沉，他面前的玻璃櫃上擺放著大約五十盒紙牌。

「是啊，它很酷。」

「你會玩紙牌嗎？」尼爾的兩隻手開始洗牌。紙牌似乎從他的右手飛向他的左手，如此反覆來回，在空中飛翔。我很想學。他停下來，在我面前將紙牌攤開成扇形。

「挑一張牌。」

我注視那些紙牌，其中有一張微微突出，我心想這個選擇太明顯了，於是從右邊挑了一張牌。

「現在，不要給我看這張牌，你拿在手上，自己看一眼。」

我垂下視線瞄了一眼，仍舊把那張紙牌貼在胸前，以防背後有任何鏡子反射。那是一張黑桃皇后。

「現在將它面朝下隨意插入這一疊紙牌中，然後我要你來洗牌，隨便什麼方式都可以。來，開始。」

尼爾把整疊紙牌交給我，我試著洗牌——當然不可能像他那樣，但我仍盡可能握住那些牌，順利地完成洗牌。

「再洗一次。」

我再洗一遍，這次比上回好一點。紙牌疊得更整齊俐落。

「現在第三次，再洗一遍。」

這次我記得用我的指節將紙牌擠壓成弓形，然後使它們像兩個齒輪般密合在一起。

「很好。」我將那疊紙牌交還給他。他開始一張接一張面朝上翻牌。他每翻一張牌就舉起來說：「這是你的牌。」最後他翻到那張黑桃皇后。

「就是這張，這是你的牌。」他以誇張的手勢揮舞那張牌，然後將它面朝上放在我面前的櫃臺上。

「好酷喔。」我笑著說，心想他怎麼知道這張就是我挑的牌。我拿起它，翻過來，仔細檢查紙牌的四個邊，看它有沒有摺痕。但什麼也沒有。

「你知道這是誰嗎？這個黑桃皇后代表什麼人？」

我試著回憶我曾在歷史課堂上聽過的皇后名字，但一個也想不起來。「伊莉莎白女王？」

尼爾對我微笑。「如果這是英國紙牌，你就說對了，但這是法國紙牌，在法國紙牌中，每一個皇后都代表歷史上或神話中不同的女性。法國紙牌中，紅心皇后與方塊皇后代表猶迪絲（Judith）與拉結（Rachel），她們都是《聖經》中赫赫有名的女性。梅花皇后代表阿金妮（Argine），我不知道她的典故，但她的名字和蕾吉娜（Regina）是同義字，也就是拉丁文『皇后』的意思。你的黑桃皇后是希臘女神雅典娜，她是智慧女神，也是所有希臘英雄的伴侶。假使你要展開英勇的探險，你一定希望雅典娜在身邊陪伴著你。」

「那你怎麼知道那是我選的牌？」

「魔術師不會透露他的秘訣，不過既然你是來學的，我想我可以告訴你這個秘密。」尼爾把紙牌翻過來，「這一盒是有做記號的紙牌，它看起來和一般的單車牌撲克牌沒有兩樣，但如果仔細看，底下這裡有個類似花的圖案，你可以看到花心四周有八個花瓣，每個花瓣代表一張數字二到九的牌，花心代表十。旁邊這四個渦捲圖案代表四組花。」他指給我看花樣旁邊的另一種圖案，「魔術師為紙牌做記號時，我們會在一個花瓣或者花心加上陰影。陰影在一個花瓣上代表這張牌是J、皇后，以及國王。如果沒有陰影就是一張A。然後我們在這裡做記號標示這組花。因此，如果仔細看你的牌，你就能看出它的暗號。花心和第三個花瓣都有陰影，表示這是一張皇后，然後從這裡的陰影可以看出它是黑桃。」

我仔細研究這張紙牌，陰影很淡，如果不知道內情一定不會注意到。

「它需要花點時間去學習，不過一旦記住，你很快就能辨認出來。」

我望著櫃臺上那一盒盒紙牌，「這些都是做了記號的紙牌？」

「不，這些都是不同種類的魔術紙牌，有梯形牌、長短牌、搞怪牌、強選牌，我甚至有一副心靈感應牌，我自己製作的。紙牌是我的專長。」

我曾聽過搞怪牌，它有方塊十三或死亡的黑桃國王，或一個小丑手上拿著一張和觀眾挑選的一模一樣的紙牌，但僅此而已。其他名稱聽起來都很神秘。梯形牌？心靈感應牌？我不知道這是什麼東西，但我不想在尼爾面前承認我不懂。

「你知道第二次世界大戰期間，有人做了特殊的紙牌送去給德國的戰俘嗎？每一張牌都可以剝開，中間暗藏一小部分地圖，將所有的地圖拼湊起來就是一張秘密逃生路線圖。這才是不可思議的魔術。」

尼爾將黑桃皇后放回那疊做記號的紙牌後遞給我。「你留著，送給你。」我從他手上接過紙牌。從來沒有人免費送我東西。「謝謝，」我說，「多謝。」我暗中發誓，一定要把每一張牌的記號背起來。

「我媽告訴我，她要教你一些神奇的魔法。」

我不知道該說什麼，只好微笑。

「她的魔法比我們的魔術厲害多了。」他說，朝店內揮手一比，「有了她的魔法，你可以學習如何得到你想要的東西。它有點像瓶中的精靈，但她要教你的是你的腦中的精靈，你要謹慎地許願。」

「三個願望？」我問。

「你想要多少個願望都可以，但你必須不斷練習，它比學紙牌魔術困難多了，但沒那麼複雜，我自己就練了很久。記得要很認真記住她說的每一句話，不能投機取巧。你必須確實遵照她教你的每一個步驟去做。」

我對尼爾點頭，將那副做了記號的紙牌放進我的口袋。

「她會在裡頭教你，那裡有間辦公室。記住喔，要完全依照她教你的方法去做。」他轉頭對她微笑。

露絲拍拍她兒子的手臂，然後望著我。

「來吧，詹姆斯，我們開始。」

她朝後面牆上的一扇門走去，我毫無概念地跟在她後面。

裡面的辦公室光線很暗，還有點霉味。沒有窗戶，而且只有一張棕色的舊書桌和兩張金屬椅。房間中央鋪著棕色的地毯，靠牆壁的地方微微翹起，彷彿長出棕色的小草。這裡沒有魔術道具，沒有魔杖或塑膠杯，也沒有紙牌或魔術師帽。

「坐下，詹姆斯。」

露絲坐在一張金屬椅上，我在另一張椅子坐下。我們面對面，兩人的膝蓋幾乎靠在一起。我的右腳上上下下抖動，我一緊張就會這樣。我背對著門，但我知道萬一我想逃，門就在那裡。我在心中暗暗盤算逃出去騎上我的腳踏車需要多少時間。

「我很高興你今天來了。」露絲對我微笑。我覺得沒有那麼緊張了。「你的感覺如何？」

「還好。」

「你現在有什麼感覺？」

「我不知道。」

「緊張嗎？」

「不。」我撒謊。

露絲將她的一隻手放在我的右膝蓋往下壓，我的膝蓋立刻停止抖動。我準備萬一有任何詭異的狀況我要拔腿就跑。她收回按住我的膝蓋的手。

「你在抖腿，好像很緊張的樣子。」

「因為我不知道妳要教我什麼。」

「我要教你的魔法不是你可以在商店買到的。這種魔法已經存在幾百年，甚至幾千年了，而且必須有人教你才能學會。」

我點頭。

「但你必須先給我一點東西。」

我很樂意給露絲任何東西來交換她的魔法，但除了腳踏車外，我沒有其他任何東西了。

「妳想要什麼？」

「你必須先承諾，你會把我在這個暑假教你的東西再去教別人，而且你必須讓那個人承諾他會再去教別人。依此類推。你做得到嗎？」

我完全不知道我能教誰，我甚至不知道我有沒有能力去教別人，但露絲望著我，等我回答，我知道只有一個正確的答案。

「我答應。」

我想偷偷在我的背後交叉手指，以防萬一我找不到任何人教，但我卻像童子軍那樣舉起三根手指。我想這樣會比較正式。

「閉上你的眼睛，我要你想像自己是一片在風中飄蕩的樹葉。」

我睜大眼睛，做了一個鬼臉。我的身高比起和我同齡的孩子要高出許多，但體重只有一百二十磅左右。我應該比較像躺在地上的一根樹枝，而不是在風中飄蕩的樹葉。

「閉上眼睛。」她溫和地說，對我點頭。

我再度閉上眼睛，試著想像一片在風中飄蕩的樹葉。也許她要把我催眠，讓我以為我是一片葉子。我以前看過催眠表演，催眠師使臺下的觀眾以為他們是農場內各種不同的動物，接著又使他們互相打架。想到這裡，我笑了出來，並張開眼睛。

露絲挺直腰桿坐在我對面，兩隻手心向下放在她的大腿上。她微微嘆氣。

「詹姆斯，第一招是學習如何放鬆你身上的每一塊肌肉，但它聽起來容易，做起來可沒那麼容易。」

我覺得我好像從來沒有放鬆過，我似乎隨時都在準備逃走或打架。我又張開眼睛，露絲歪著頭直視我。

「我不會傷害你，我要幫助你。你可以相信我嗎？」

我想了一下。我不知道我有沒有相信過誰，但肯定不會相信成年人。不過，以前從來沒有人要求我相信他們，我喜歡這種感覺。我想要相信露絲，我想學她要教我的東西，只不過整件事都讓人覺得怪怪的。

「為什麼？」我問，「為什麼妳要幫助我？」

「因為在我們認識的那一刻，我就知道你有潛力。我看到你的潛力。我要教你如何看到你自己的潛力。」

我不知道什麼叫潛力，也不知道她如何看出我有潛力。我當時也不知道，一九六八年那個暑假，她或許已在任何一個走進那家魔術商店的人身上看到潛力。

「好，」我說，「我相信妳。」

「很好，那我們就開始。現在將注意力集中在你的身體上。你有什麼感覺？」

「我不知道。」

「想像你騎腳踏車的時候，當你騎得飛快時，你的身體有什麼感覺？」

「感覺很好，我想。」

「現在你的心臟在做什麼？」

「在跳動。」我說，忍不住微笑。

「慢或快？」

「快。」

「很好。你的雙手有什麼感覺？」

我低頭看我的雙手，它們緊緊抓著椅子邊緣。我鬆開它們。

「現在放鬆了。」

「好。你的呼吸呢？是深還是淺？」露絲用力吸氣和吐氣。「是像這樣呢，還是這樣？」她開始快速呼吸，像狗在喘息那樣。

「我想是介於兩者之間。」

「你現在緊張嗎？」

「不會。」我騙她。

「你的腿在抖。」

「也許有一點。」

「身體會顯現出我們內在的所有感覺，這是一件很奇妙的事。有人問你現在感覺如何，你說『我不知道』，你要嘛真的不知道，要嘛不想說出來，但你的身體都知道你的感覺。你害怕，你快樂，你興奮，你緊張，你生氣，你嫉妒，你傷心的時候，你的心也許認為你不知道，但假如問你的身體，它一定會告訴你。它有它自己的思想，有它自己的表達方式。它會有反應。它會回應。遇到情況時，它有時會有正確的反應，有時會有錯誤的反應。你明白嗎？」我立刻想到這話一點也不假。當我回家時，一踏進門立刻就能感知我母親的情緒，她不需要開口說話，我打從心底就能感受到。

我聳聳肩，繼續聽她說下去。

「你會真的傷心或真的生氣嗎？」

「有時會。」我常生氣，但我不想說出來。

「我希望你舉一個生氣或害怕的例子給我聽，然後我們再來討論你在對我敘述這件事時，你的身體有什麼感覺。」

我開始想。我不知道要告訴她什麼。我應該告訴她我上天主教學校時修女打我一巴掌，我毫不考慮地立刻還她一巴掌？或者告訴她，星期四晚上我父親又喝得醉醺醺回家？還是告訴她，我帶我母親去醫院時，醫師說的話讓我很想揍他，或者鑽進地洞，或揍了他之後鑽進地洞？

「詹姆斯，你的念頭很大聲，我聽到了，但我聽不清楚。告訴我，你此刻在想什麼？」

「我在想一些我不想告訴妳的事。」

她微笑。「不要緊，能說出來的都不是壞事。我們是在討論你有什麼感覺，感覺沒有對或錯，它們只是感覺。」

我不怎麼相信她的話。我對我的感覺，我的憤怒、我的悲傷，感到莫大的羞恥，我的所有情緒似乎都影響我。我真想逃走。

「你的腿抖得很厲害，」她說，「我數到三你就開始說，不要考慮你該不該說什麼，好嗎？現在我要開始數了，準備好了嗎？」

我仍然急著想理出一些說出來不會太尷尬的想法與感覺。我不想嚇到她。

「一……」

萬一她是天主教徒，聽了我因為打修女而被學校開除，之後被送去和我的姐姐、姐夫同住，又因為打架再度被學校開除，她會不會大吃一驚？萬一她因為我太粗暴而不接受我？

「二……」

萬一我告訴她，我很氣我父親喝醉酒後把我家的車砸爛，車頭整個凹下去，保險桿必須用繩子固定，每次開車出門都彷彿在昭告世人**我們家有多麼窮，連修車錢都沒有**？萬一她認為我是個壞孩子？

「三……開始！」

「我爸爸愛喝酒，不是每天，但經常喝。他會出去喝酒，然後幾個星期不見人影，家裡除了政府寄來的救濟金外就沒多餘的錢，但這些救濟金根本不夠用。他不喝酒時，我們在家都躡手躡腳不敢惹他生氣。他如果在家喝酒，就會大吼大叫，罵粗話，亂摔東西，我媽就會開始哭。遇到這種情況時，我哥就會消失不見，我則躲在房間內，但我會仔細聽他們的動靜，萬一不可收拾時我必須出面。我擔心我媽，她常生病，幾乎整天躺在床上，而且好像我爸一喝酒她的病就更嚴重，然後他們會吵架。他在家時她會大聲罵他，他離開家時她就一句話也不說，不下床，不吃不喝，什麼也不做。我不知道我該怎麼辦。」

「繼續說，詹姆斯。」她真的在聽。她似乎真的想聽我說，看來不像震驚的樣子。她面帶微笑，像碎巧克力餅乾包裝盒上的那種微笑，一種理解的微笑，彷彿她明白我在說什麼，至少沒有因為我家很窮而認為我們是低劣的。「繼續說。」她鼓勵我。

「有一次我放學回家，家裡靜悄悄的，一種怪異的安靜。我走進我媽房間，她躺在床上，已經吞下一大把藥丸，那是讓她鎮定的藥，但她一次吃太多了。我只好跑到隔壁，請鄰居太太開車送我們去醫院。她以前也發生過這種事，我是說我媽——這種事她以前也做過。我媽躺在醫院病床上，我坐在她旁邊，聽到醫院的人在隔簾外談話，有個男的為了不得不幫我媽填許多表格而生氣，他說她以前也曾經在同樣情況下住院，他厭倦了為這種人浪費時間。另一個女的笑著說了一句話，大意是『說不定這是最後一次』，我沒有聽得很清楚，然後他們哈哈大笑。我氣極了，真想拉開隔簾臭罵他們。醫院的人不應該這樣。我也很氣我媽，因為我不懂她為什麼要做這種事，既不公平，又丟人現眼。我又很氣我爸害她生氣與傷心。我氣他們兩人和醫院的每一個人，有時真的非常憤怒。」

我不知道我講完以後會怎樣。露絲坐在我對面，我一直低頭凝視我的網球鞋上的破洞。

「詹姆斯，」露絲輕聲說，「此刻你的身體有什麼感覺？」

我聳聳肩。現在她知道我的家庭狀況了，不知她作何感想。

「你的腹部有什麼感覺？」

「有點不舒服。」

「你的胸口有什麼感覺？」

「悶悶的，有點疼。」

「你的頭呢？」

「我的頭脹脹的。」

「你的眼睛呢？」

不知道為什麼，她這一問，我就很想閉起眼睛哭。我不要哭，我不想哭，但我忍不住。一滴淚水滾下我的臉頰。

「我的眼睛大概有點刺痛吧。」

「謝謝你告訴我你父母的事，詹姆斯。有時我們不能去思考我們應該說什麼，要把必須說的都說出來。」

「妳說得倒容易。」

露絲和我都笑了，我這才覺得好一點。

「我的胸口沒那麼悶了。」

「很好，這樣很好。我要教你如何放鬆身體的每一塊肌肉，然後我要你每天練習一小時。我們每天早上在這裡所做的每一個練習，你晚上都要在家複習一遍，就當它是家庭作業吧。放鬆身體聽起來雖然容易，但其實很難，非常不容易做到，需要經常練習。」

我還是想不起來我曾經有過放鬆的感覺。我常覺得很累，但我不知道是否曾經有放鬆的感覺。我甚至不明白怎樣才是放鬆。

露絲叫我以舒適的姿勢坐在椅子上，然後閉上眼睛。她又叫我想像我是一片在風中飄蕩的葉子。我彷彿飛上枝頭，腦袋有清涼的感覺，坐在椅子上似乎輕飄飄的。

「不要昏沉，要保持清醒，即便肌肉放鬆也還是要維持運作。現在做三次深呼吸，用鼻子吸氣，再從嘴巴吐氣。」

我盡可能深呼吸三次。

「現在我要你把注意力集中在你的腳趾上。在心中想你的腳趾，感受你的腳趾。輕輕動一下，縮起來再放鬆。深深吸一口氣，然後緩緩吐氣。一面呼吸，一面專注在你的腳趾，感覺它們越來越沉重、越來越沉重。」

我持續做了幾次深呼吸，試著將注意力集中在我的腳趾上。你以為這很容易，事實不然。我將腳趾輕輕扭動後就開始想，不知開學後我能不能得到一雙新鞋，接著又想到家裡沒錢。我完全忘了我的腳趾。

每當我開始想腳趾以外的事時，露絲似乎都會知道，因為每次我的念頭從腳趾轉移到其他事，她立刻就會打斷我的心思，叫我繼續深呼吸。我沒辦法告訴你我花了多少時間做深呼吸，只覺得很久很久。

「現在我要你做一次深呼吸，然後把注意力集中在你的腳上。」

我肚子餓了，又覺得很無聊。我想學的是魔法，這和我的腳有什麼關係？這時候大概接近午餐時間了，搞不好她想把我餓死。她一定讀出了我的心思，因為我發現她都知道什麼時候該打斷我的思緒。

「把你的心思拉回到你的腳上。」

我轉動我的腳踝，想著我的一雙惱人的、飢餓的大腳。

「現在想像你的腳踝、你的膝蓋。放鬆大腿，去感受你的腿越來越沉重，重得陷入椅子內。」

我想像我是全世界最胖的人，椅子不勝負荷，陷入破舊的地毯，最後掉進中國。

「現在放鬆你腹部的肌肉，然後縮緊、再放鬆。」我照她的話做，不料我飢餓的肚子叫得更大聲了，相信她一定聽得見。

「現在把注意力放在你的胸部，詹姆斯。做一次深呼吸後放鬆你的胸部，去感受你的心跳，並放鬆心臟周圍的肌肉。你的心臟就是一塊肌肉，它壓縮血液和氧氣運行你的全身。你可以放鬆它，像你放鬆其他任何肌肉那樣。」我心想，假如我放鬆我的心臟，我的身體會不會停止運作？那時露絲怎麼辦？

「專注在你的胸腔中央，感受你胸部的肌肉放鬆。先深深吸一口氣，然後一邊放鬆，一邊感受你的心跳。現在吐氣，同樣的，專心放鬆你胸部的肌肉。」我發現我在練習這些動作時，我的心跳不那麼急促了。

我讀醫學院時會學到心臟。我會學到心臟由神經連接部分的腦幹，心臟透過迷走神經與延髓（延腦）連結。我會學到迷走神經是成對的，如果以放鬆與緩慢呼吸來增強神經輸出，就能刺激副交感神經系統，緩和你的心跳，降低你的血壓。我同時學到降低迷走神經張力會刺激交感神經系統，這種情況發生在人害怕或恐懼──心跳加快──的時候。但那天在魔術商店，我只知道露絲教我如何放鬆身體與呼吸時，我有舒服一點、平靜一點的感覺，但我當時不了解神經系統，也不知道大腦與心臟有許多連結，我的大腦和我的心臟都不需要經過學習就能自然運作。我的大腦會發出訊息給我的心臟，我的心臟也會回應它。

「現在我要你放鬆你的肩膀、你的脖子、你的下巴。讓你的舌頭下降到你的口腔底板，感覺你的眼睛和你的前額緊繃後再放鬆。讓你身上的每一塊肌肉，所有的肌肉……全部……放鬆。」

接下來，露絲有很長一段時間沒有再開口。我坐在那裡盡可能放鬆身體，盡可能緩緩吸氣、吐氣，盡可能保持不躁動。我聽到她深呼吸的聲音，心想這是她在指示我照著做。當你在想該如何呼吸時，你是很難呼吸的。我有一、兩次偷偷瞄一眼露絲，發現她閉著眼睛，和我一樣的坐姿。最後她說話了。

「好，時間到。張開你的眼睛。」

我張開眼睛，坐在椅子上挺直上身。我的身體確實有不一樣的感覺，有點怪怪的。

「好了，詹姆斯，我想你可以吃點心了。」她拉開書桌的抽屜，拿出一包「趣多多餅乾」——碎巧克力餅乾——說：「盡量吃。」我抓了一把，這是我最愛吃的餅乾。然後她從掛在鼻梁上的眼鏡上緣望著我，說道：「你開始上路了。」

我不懂我上了什麼路，我也不明白單單在椅子上坐一小時到底算不算魔法。

「詹姆斯，我要你練習放鬆你的身體，尤其是當你和家人相處的時候，以及當你告訴我的時候。即使你心裡感到憤怒或悲傷，你仍然可以保持放鬆。我知道這可能需要練很久，但最終你將可以在瞬間進入完全放鬆狀態。這是很值得學習的一招。相信我。」

「好的。但我可以問為什麼嗎？」

「生命中有許多我們無法掌握的東西，你很難感受到你好像可以控制一切，好像可以改變任何事，尤其在孩童時期。但是你可以控制你的身體，也可以控制你的意念。這聽起來好像沒什麼，但它有非常強大的力量，它能改變一切。」

「我不明白。」

「你會明白的。要持續地來，持續練習你在這個暑假所學的一切。將來有一天你自然會明白。」

我點頭答應，但我不知道我會不會再來。這一點也不像我想學的魔法。

「你知道牛頓這個人嗎？」她問。

「科學家？」

「是的，很好。他是個物理學家兼數學家，也是歷來最偉大的科學家之一。他有一段故事也許你會喜歡。他早年的生活很艱困。他的父親在他出生前三個月就去世了。他早產，又沒有父親，可以說他一生下來就沒有一個很好的生活。他三歲時他的母親再嫁，他不太喜歡他的繼父，有段時間他甚至揚言要把房子燒了，兩人同歸於盡。牛頓在你這個年齡時是個相當憤怒的少年。他的母親希望他務農，想讓他離開學校。他的父親以前就是農夫，家人也都希望他回去當農夫，但牛頓不喜歡種田，他討厭和農村有關的任何東西。後來有個老師說服他的母親讓他回學校讀書，他從此成為最優秀的學生，但那是因為其他學生經常找他麻煩、欺負他的緣故，因此他發憤讀書，拿最高分是他的報復方式。他後來上大學，但為了繳交學費和生活費，他不得不在學校當服務生。他也許沒有其他孩子的優勢，或相同的運氣，或相同的財富，但他改變了世界。」

我從來不知道著名的科學家會討厭他們的父母，或者和他們的同學打架。

我向露絲和尼爾道別，正要走出魔術商店時，露絲說道：「別忘了，詹姆斯，要複習我們今天所學的。」她直視我的眼睛，面帶微笑。我踩著腳踏車騎上I街，一種溫暖的感覺遍滿全身。我不明白她為什麼要教我放鬆我的身體，但我會回家練習，看它到底是不是真的神奇。

今天我知道露絲第一天教我的東西，和大腦與身體對壓力的反應，或大部分人所稱的反擊或逃跑反應（fight-or-flight response）有關。如果大腦感知到一個威脅，或為它的生存憂慮，名為交感神經的那部分自律神經系統就會啟動，並分泌腎上腺素。腎上腺也會被下視丘釋放的荷爾蒙啟動，產生可體松（皮質醇）。我相信，儘管只有十二歲，當時我體內的可體松濃度已經比一般人高。基本上，當你在為生命搏鬥時，身體所有不必要的機能都會關閉，消化減慢，血管收縮（大肌肉內的血管例外，它們會擴張），聽力降低，視野變窄，心律加快，調節唾液分泌的淚腺立即受到抑制而導致口乾舌燥。

如果你是在奮力求生之際，這些都是重要的反應，但這種急性的壓力反應應該是短暫的。如果長時間處於壓力之下會帶來種種心理與生理上的不良影響——憤怒、沮喪、焦慮、胸痛、頭痛、失眠，免疫系統會受到抑制。

早在世人談及壓力荷爾蒙之前，露絲已教我如何在長期面對壓力與威脅的情況下調節我的生理反應。如今每次進入手術室，我都能緩和我的呼吸，調節我的血壓，降低我的心律。我透過顯微鏡在腦部最脆弱的區域進行手術時，我的雙手是穩定的，我的身體是放鬆的，這些都要歸功於露絲在魔術商店對我的教導。事實上，如果不是露絲，我可能不會成為一個腦神經外科醫師。學習放鬆身體具有無比的威力，但這只是個起步，露絲花了十天讓我學會放鬆我的全身。第十一天我騎腳踏車到商店，坐在椅子上，閉上眼睛，等待露絲繼續指導我放鬆身體。但這天露絲另有其他計畫。

「張開眼睛，詹姆斯，今天要做和你腦子裡的聲音有關的練習。」

露絲的魔法第一招

放鬆身體

1.找一個不會被干擾的時間和場所做這項練習。

2.假如你是在承受壓力、有其他事讓你分心、酒醉、服用消遣性藥物，或疲倦的情況下，不要做這項練習。

3.開始之前先靜坐幾分鐘，放鬆一下，想一想你希望藉著這個練習完成什麼心願。先確定你的意圖。

4.現在閉上眼睛。

5.開始時先從鼻子深深吸氣，再從嘴巴緩緩吐氣。先做三次，然後重複練習，直到你習慣了這種呼吸方式，這樣才不至於只顧著呼吸而分散了你的注意力。

6.一旦能以這種方式自然呼吸後，去思考你怎麼會坐在這裡，並想像你正在觀察自己。

7.現在將你的注意力集中在你的腳趾，然後放鬆它們。接著，將注意力集中在你的腳上，放鬆雙腳的肌肉，想像在你呼吸時你的腳幾乎化為無形。注意力只能集中在你的腳趾和腳上。剛開始練習時很容易分心，你的心思會岔開。如果有這種現象，你就從頭開始，放鬆你的腳趾與腳上的肌肉。

8. 一旦能做到放鬆你的腳趾與雙腳，就將這個練習逐漸往上延伸，繼續放鬆你的小腿和大腿。

9. 接著放鬆你的腹部和胸部。

10. 接下來觀想你的脊椎，由下往上一節一節放鬆，一直鬆到你的雙肩和頸部。

11. 最後放鬆你的臉部和頭部的肌肉。

12. 當你做到放鬆身體肌肉時，你會發現你平靜下來了，你會感到很舒服。這時候覺得昏昏欲睡或甚至睡著是正常的，不要緊。你也許要多練習幾次才會走到這一步，但是你要把持這種放鬆的感覺而不要昏沉。要有耐心，善待你自己。

13. 現在將注意力集中在你的心臟，想像你在緩慢呼吸時，同時也在放鬆你的心臟肌肉。你會發現當你的身體放鬆、你的呼吸徐緩時，你的心跳也減慢了。

14. 想像你此刻的身體已完全放鬆，體驗你在緩緩吸氣與吐氣時單純的存在感，感受那種溫暖。許多人會有身體變輕的感覺，通體平靜。這時仍持續緩慢吸氣與吐氣。

15. 牢記這種放鬆、平靜與溫暖的感覺。

16. 現在慢慢張開眼睛，靜坐幾分鐘，不要存有任何意圖或念頭。

呼吸與放鬆是趨向調和內心的第一步。

※你可以造訪intothemagicshop.com網站，聆聽語音版練習。

3 觀察思維

一個好的魔術師會向觀眾暗示他下一個要表演的魔術。一個偉大的魔法師會使觀眾入迷，不知不覺之間進入下一個魔法。

露絲就是一個偉大的魔法師。

我從來不知道我的腦子裡有聲音，直到露絲為我指出來。我也從來不知道它們有多大聲，直到露絲教我試著讓它們安靜。練習放鬆身體很難，尤其是在我家的小公寓，那裡似乎永遠有電視機聲音在嘶吼，而且每一次深呼吸都夾雜著空氣中揮之不去的菸味。但放鬆我的身體固然困難，平息我腦子裡的雜音似乎更不容易。

我去魔術商店上課已經有十天了，從許多方面看，它都比我家更舒適。我愛它的安靜與祥和。我去上了幾天課後，露絲開始請我吃午餐。我們練習完魔法後會離開辦公室到店面，露絲會取出一個有白色蓋子的綠色塑膠容器，裡面通常裝著水果切片、乳酪和餅乾，或果仁。我平常最喜歡吃的是「Corn Nuts」玉米粒，但我也會嘗試露絲準備的各種不同的果仁，雖然有些吃起來怪怪的。接下來就是我最愛的

「Chips Ahoy!」餅乾。如果尼爾不忙，他也會一起吃，並且說故事，或者讓我看新的魔術或他最近製作的紙牌。尼爾喜歡口中含著食物說話。我們雖然是個奇怪而短暫的三人組，但我很快便和他們熟稔了，感覺像一家人。在我的魔術家庭中，我不需要擔任照顧者的角色，每天有兩個鐘頭時間他們全心全意照顧我。我們談天、開玩笑，輕鬆自在，不像在家得避開某些話題，而且隨時有潛在的怒氣或怨恨浮現出來。尼爾說故事之前會先戴上他的老花眼鏡，從眼鏡上方對著我微笑，然後才開始說故事。

尼爾說過一件他在朝鮮半島非軍事區駐紮時的往事。他說有一天，他和他的同袍在飯堂表演魔術時，他們的指揮官進來，命令他們立刻到三十八度線——南北韓分界線——報到。他和他的同袍抵達檢查哨，但守衛的軍官不肯放行，因為他們不但配戴武器，而且身上還穿著魔術表演時的高帽與長尾服。我不知道這件事或尼爾告訴我的任何故事是真實的或是誇大其詞，但這些故事都讓我們哈哈大笑，一旦開始就停不下來的那種笑聲。那種時刻我才真的完全放鬆，並放掉露絲說的我腦子裡的聲音。露絲也會告訴我她住在俄亥俄州小鎮的故事，那裡的人互相關心，漫長的夏日都和家人與朋友一起度過。有時我會幻想尼爾收我當徒弟，將他所有最高機密的魔術毫不保留的教我。我甚至幻想有明亮的大型看板為我們兩人做宣傳。當你渴望這種經驗時，你會想緊緊抓住它們不放。我與露絲和尼爾的連結不但特殊而且真實。我後來也曾經和其他人有過類似的交流——有時是在電梯內無意中相會，彼此互看一眼，你也說不上為什麼，那種交流就產生了，不只是眼神的交會，還有更深的了解，一種對彼此的人性及兩人是同道的認知。當發生這種情況時，細細一想都覺得相當奇妙。有時我望著那些無家可歸或潦倒的人，當我們眼神交會時，我會以為我看到的是自己的臉在注視我，那一瞬間，甚至更長的時間，我想到自己一路走來的艱辛，感恩那些困頓使我能有今天的成就，從而對眼前這個人生出深深的同理心。每個人都有他自己的故事，而我明白，大多數人的故事核心都是相似多於迴異。人與人的交會具有強大的力量，有時一個短暫的交會便能永遠改變人的一生。

露絲就是一個明顯的例子。我們的第一次相遇改變了一切，它使我的生命軌跡徹底轉向。雖然十二歲的我很樂意把露絲想像成神仙，但她不是。她只是一個天生具有同理心與直覺，主動關懷別人而不求任何回報的人。她給了我她的時間，她給了我她的關懷，而且她向我揭示了一種直到今天我仍在使用的魔法。我在魔術商店時，有許多時候深信那是在浪費時間，我不可能學會她要教我的東西。有時我甚至認為她幾近瘋狂。如今我明白，露絲教我的東西，許多都是年代久遠的方法，而且是已流傳數千年的東方傳統。當今科學家都知道，神經可塑性不但是事實，而且是大腦固有的功能。現在我知道大腦可以被訓練、增強一個人的專注力和注意力，並且不去回應腦子裡那些使我們無法清晰思考、作出有利決定的紛亂聲音。今天這些作用都已被充分了解，但在露絲教我的時代，這是聞所未聞的事。當露絲告訴我，她要教我關掉腦子裡的聲音時，我完全不知道她在說什麼，但我還是決定照做。

「放鬆你的肩膀，放鬆你的脖子，放鬆你的下巴，感受你臉部的肌肉放鬆了。」她說。這些我現在都會做了。

但露絲仍然叫我放鬆。她輕柔的聲音使我感覺身體輕飄飄的，就算我彷彿變成從尼爾的紙牌魔術中跳出的一張牌，飄浮在椅子上空，我也不會感到驚訝。

「現在我要你摒除你的雜念。」

這是一個新招數，我立刻感覺到身體重重地壓在椅子上。露絲到底在說什麼？我要如何摒除雜念？我飛快地轉動腦筋，張開眼睛，發現露絲正在對我微笑。

「這是另一招。」她說。

「好吧，我要怎麼做？」

「這個會有點複雜，因為你的心會去想你正在想的事，這時候，你就必須停止想，不要再去想它。」

噢？

「你知道什麼叫旁白嗎？」

「知道啊，」我說，「就像妳在旁邊引導我放鬆的技巧。」

露絲雙手合掌輕笑。「你在家練習放鬆時，你都怎麼做？」

我想了一下。「和在這裡做的一樣。」

「可是我沒有在那裡引導你，那誰在引導呢？」

「還是妳啊，只不過是在我的腦中。」

「可是你腦中那個人不是真正的我，那是誰在引導你？」

就我所知，都是她的聲音在我腦子裡叫我要專注，要放鬆我身體上的每一塊肌肉。「妳的聲音。」

「但那不是我，那麼是誰？」

我猜想她大概要我說，「是我？」

「對了，是你，你在腦子裡對你自己說話。它的聲音聽起來像我，那是因為你希望它是我的聲音。這個旁白者擅長模仿，它可以變成任何人的聲音。」

「哦。」

「我們的腦子裡都有這種聲音不停地對我們說話，從我們睡醒那一刻直到晚上上床睡覺。想想看，它就像電臺的音樂節目主持人一樣，告訴你下一首曲子是什麼。一天當中無時無刻都在告訴你即將播放的曲單。」

我想了一下。我都收聽Boss電臺廣播，洛杉磯KHJ-930調幅電臺的前四十名熱門歌曲排行榜。我總是幻想「真實的唐‧斯蒂爾[1]」在講述我的一生。

「想像這個播音員整天在你的腦子裡說各種事，你太習以為常了，甚至不會注意到它在你腦子裡的聲音有多大聲，而且沒有停止的時候。」

這是真的嗎？我不知道。我從來沒有注意到。我老是在想事情，但我從未想過「我在想」這回事。

「你腦子裡的聲音在你一生中無時無刻不在判斷好壞，然後你的心會回應，彷彿它真的了解你。」露絲特別強調這兩個字，彷彿我應該對「我在想」這件事感到震驚或有被冒犯的感覺。但我完全不知所云。「問題是你的回應不一定都對你有利。」

「既然是我在我的腦子裡，我怎麼會不了解我？」

「不，你不是你腦子裡的聲音。你，真正的你，是聆聽那個播音員說話的人。」

我心想，露絲以為我的身體內住著多少人？她或許聽到她腦子裡的聲音，但我很肯定我的腦子裡只有我的聲音，不是什麼播音員在告訴我天氣如何或提示下一首歌是什麼。

「我要你了解的是，你不能相信你腦袋裡的聲音，那個整天對你說話的聲音。它大部分時候是錯誤的。你可以把這一招想成學習將這個聲音關小一點，最後將它完全關掉。那時你就會明白我在說什麼。」

「我想我可以試試看。」我說。

「這個播音員現在說什麼？此時此刻，在你的腦子裡？」

我想了一下我剛才想的東西。「他說我不知道妳在說什麼，這是行不通的。」播音員還說這件事太扯了，但我不想告訴露絲。

她微笑。「很好，你看，你察覺到你正在想的東西。那是這個技巧的第一步。」

我點頭，彷彿我明白。

「我們要來練習觀察思維。現在，閉上眼睛，先用幾分鐘放鬆你的身體。」

1. Don Steele，美國最受歡迎的廣播節目主持人之一，他以"The Real Don Steele"這個稱號聞名。

我閉上眼睛，進行此時我已做過上百次的放鬆程序。我先從腳趾開始放鬆，一路向上到我的頭頂……我在心中一邊想著它的順序一邊放鬆。現在我覺得很舒服，彷彿躺在浴缸中，溫水慢慢浸潤我的全身。

「專注在呼吸，」露絲說，「吸氣，吐氣，只要想著呼吸，其他都別想。」

我從鼻子吸氣，然後緩緩吐氣。如此反覆。幾次呼吸後，我感覺臉上癢癢的，便伸手去抓，這才發現那裡鼓起一小塊。我希望不是長出青春痘。我家公寓樓上新搬來一個我喜歡的女生，名叫克麗絲。她有一頭垂到腰際的深色長髮。看見她的第一天我有和她交談，但事後我又擔心她會不會覺得我很無聊。我們交談時她很和氣，面帶微笑。她會願意和我一起出去嗎？我忽然又想到我的不整齊的牙齒，趕快用上唇將它遮住。不，她不會。我在想什麼？青春痘和一口爛牙，我的天。我記得她看我一眼後轉身走開。我的條件不夠好，配不上她。

「專心呼吸，如果那個播音員又開始說話，不要聽他的，專注在你的呼吸上。」

我的心思飄走了，我甚至沒發現。我回頭專心呼吸，但不一會兒又想起我和班上一個同學一起玩的事。他住在鎮上的「高級」住宅區，他的父親擁有一家建設公司，他們住大房子，他的父母都開凱迪拉克轎車。去年有一次，他邀請我去他家吃飯，在飯桌上他的母親問我住哪裡，我的父親從事什麼工作等等。我真想躲到餐桌底下消失不見。我的父親沒有工作，而且不止一次因為喝醉酒大吵大鬧而被逮捕。這種事我不能告訴她，她或許也不想聽到。

我又來了。我在想呼吸以外的事。這一招真難。我做不來。我好像做了五次呼吸後就會開始想東想西。我決定數一數我呼吸多少次，但又明白如果我數呼吸幾次，我還是在想。這簡直是不可能的任務。別人真的都能做到嗎？露絲自己做得到嗎？她能毫無雜念地呼吸多少次？我可以問她嗎？露絲花了很長時間才學會，還是我真的很差？這樣做又有什麼意義？我接二連三胡亂想著。

我盡可能試著平息我的雜念，但我的心已無法像我的身體那樣平靜。**露絲會知道我是假裝平靜嗎？**

「張開眼睛。」

我望著露絲，我完全做不到。「太難了，」我說，「我沒辦法。」

「你可以的，詹姆斯。」

「這招不行。」

「只要多加練習。試著暫時停止你的雜念，一秒鐘就好，接著增加幾秒，然後再一點一點增加。」

「我真的做不來。」

露絲望著我，沉默了好一會兒。「每一個人剛開始做這個練習時都會說同樣的話。只要你願意，任何事都難不倒你，包括這個。你只是現在還不知道。」

我常覺得我不夠好，無所適從，能力不足。露絲說出這句話後，一直隱藏在我內心的痛苦瞬間又湧上心頭，眼睛也開始刺痛了。和露絲在一起的時候，我動不動就會情緒激動，很想掩面痛哭。

「你在呼吸時心有雜念，這沒什麼好或壞，這是自然現象，你只要覺察它，然後把心拉回來繼續呼吸，幫助它專注在呼吸上，如此而已。你必須讓它知道誰是主宰。我希望你先覺察到你正在想，然後再去注意不讓你的心一直放在那個『想』上面。」

「我會練習。」

「很好。這是你能做到的，練習，練習，再練習。」

「妳也是這樣練習的嗎？」我問。

「完全一樣。」她說。我放心多了。

「我要先放鬆我的身體嗎？」

「先放鬆，然後調和你的心念來平靜你的心。最終我教你的所有技巧都會匯聚在一起，你就能同時放鬆身體並平靜你的心，但現在必須按部就班一步一步練習。」

✦ ✦ ✦

那天回家後，我下決心把這個平息腦子裡惱人雜音的招數練到爐火純青。回到家時，我的父親依然不在家，我的母親躺在她的床上，我在我的房間靜坐，專心練習關掉腦中的聲音。我緩緩呼吸，但屋內的寂靜卻似乎使我腦中的聲音變得更大聲。我知道父親正在外頭狂飲，隨時都有可能在酒醉或宿醉的狀態下闖進來。從我懂事以來這種場面就不斷重演，一次又一次，永遠不變。他會走進門，然後父母大聲吵架，他會怪她過去的不是，接著許下他不可能實現的承諾。一次又一次。

家裡要是有人發現我閉著眼睛坐在椅子上，他們絕對不會問為什麼。沒有人會問我在做什麼，沒有人會問我在想什麼，他們當然也不會問我有什麼感受。我盡可能試著練習露絲的魔法，但父親老是不見人影，我不免擔心當他終於出現時會有什麼狀況發生。**他們會再大吵大鬧嗎？萬一母親又服藥過量呢？**我試著不去想，但不可能。**我該報警或叫救護車嗎？我要去跟誰說？他們來接我母親時，我要如何解**

釋我的哥哥躲在棉被底下？他們會把我父親帶走嗎？我想把心專注在呼吸上，但我的心只會一個接一個不斷地想那些災難，每一個場景的開始都是父親從前門闖進來。那種感覺就像你知道即將發生龍捲風，但你無法動彈，逃不開也躲不了。有時我連睡覺都會作這種夢。噩夢。夢中我張嘴想對某人大聲警告，卻發不出聲音。

露絲大概知道我很掙扎，因為幾天後她換了另一種方式。

「我們換一種方式來平息你腦中的雜音。」

她拿出一根蠟燭，用火柴點燃後立在辦公桌上，然後叫我移動椅子面向蠟燭。

「我要你把焦點集中在蠟燭，在燭火上。」

她叫我凝視著燭火深呼吸。

「只能想著燭火，每一次生出雜念，就把心拉回來專注在燭火上。」

對我來說，睜開眼睛比較容易定神。只要閉上眼睛，進入一片黑暗中，我的憂慮就立刻湧現。黑暗中沒有可以令人分散注意力的東西，所有恐懼似乎都想趁機而出。我們什麼時候又得搬家？我爸為什麼非要喝得醉醺醺不可？我媽的健康會改善嗎？我們什麼時候才會有錢？為什麼我無法幫助我的家人？我到底是怎麼了？當我凝視燭火時，我彷彿可以迷失在其中。我可以專注在燭火底部的藍色火焰，然後專注在中段的橘色火焰，它很像萬聖節的玉米糖果。有時我會專注在燭火的白色尖端，甚至幾乎覺得我可以進入裡面。燭火隨著我的每一個呼吸輕輕搖曳，單單凝視這閃爍的火焰很容易就能停止腦子裡放送的聲音。它也讓我想起若干年前有一次，家裡的朋友邀請我們去他們在山中的木屋作客，那裡有一座壁爐，我記得我坐在壁爐前。在那段短暫的時光中，我的父親有工作，有一段時間沒有酗酒。我的父母相安無事，母親的健康似乎有起色。我坐在壁爐前注視著火焰，一時間迷失在其中忘了一切。那種感覺很溫暖、很舒服、很快樂。

那幾個星期我花了許多時間凝視那根蠟燭，直到今天，只要見到點燃的蠟燭就能使我平靜下來。練習的第一天，我家沒有蠟燭。我想到幾個星期前我和一個朋友去天主堂，因為他的祖母生病了。他將一枚一毛硬幣投入教堂內的一個箱子，然後點一根蠟燭禱告。我覺得很新奇。因此那天回家途中，我繞到教堂，將口袋內的幾枚十五分硬幣投入箱中，拿了兩根蠟燭和一些火柴，然後每天晚上認真練習注視燭火，試著延長腦中雜念與雜念之間的距離。

身為外科醫師，我經常聽到病人訴說他們在夜晚會更感覺到疼痛。事實上不是到了晚上疼痛會更嚴重，而是沒有別的事讓他們分散注意力。心安靜下來，一整天都存在的疼痛好像就更大聲了。這和我們有時會在半夜兩點鐘突然從睡夢中睜開眼睛是一樣的道理，對未來的焦慮或對過去的懊悔會在夜闌人靜時顯現。露絲教我如何控制我的心，藉著這項練習，她同時協助我停止對往昔的罪惡感與羞愧感，以及對未來的焦慮與恐懼在我心中的電臺重複播放。或者更重要的，她教我不要再像過去那樣對這些雜念產生情緒性的反應。她告訴我，但願能改變過去的想法不但毫無意義，對我無法掌控的可怕未來憂心忡忡更是徒勞無益。

總之，我們花了將近三週的時間，練習了三種幫助我了解我的想法與安靜我的心的方法：專注我的呼吸、凝視燭火，以及最後的方法——持誦真言。

「你知道什麼是真言嗎？詹姆斯。」

我搖頭。我毫無概念。

「它可以是一首歌或者一個聲音，你發出之後能幫助你集中注意力，和你藉著呼吸或注視燭火來集中注意力的作用是一樣的。這是另一種調和自心的方法。」

我望著她，發現她戴著一條項鍊，上面有一個哨子和一個鈴鐺。她說的是這個嗎？這時她的身體往前傾，鈴鐺發出一點聲響，我差點笑出來。她低頭看了一眼，笑著說：「不，我說的不是這個。」

「那是什麼樣的聲音？」我覺得怪怪的。

「哦，看情況。有時人們會說一個對他們而言十分重要的字，或一個有神奇意義的詞句，隨便什麼都行。重要的不是文字，而是聲音。」

「那我要說什麼？」我問。

「你自己決定。無論它是什麼，你要一遍又一遍重複。」

「大聲說出來？」

「不，在心裡面對自己說。」

這實在太詭異了。我不知道我能想出什麼重要的字詞。我唯一曾在腦子裡重複的是咒罵的話語，我相信露絲一定不是指這個。

「你怎麼說？」露絲耐心地等待我想出一個神奇的字，我卻怎麼也想不出來。

「我不知道。」我知道在魔法中，語言是重要的一部分。天靈靈地靈靈，芝麻開門，這些語句都必須正確說出才有效。

「你第一個想到的字詞或語句是什麼？隨便什麼都可以。」

「克麗絲。」我對自己說。克麗絲是住在我家樓上公寓的女孩。我在腦子裡搜尋合適的字詞，但怎麼也想不出來，這時一個門鈕的影像突然出現在我腦中。一個圓球狀的門鈕。克麗絲門鈕。直到今天，我仍不明白為什麼我會將這幾個字聯想在一起，或當時這些字對我有什麼意義。

露絲看著我。「你想到了嗎？」

「想到了。」我說，但忽然覺得很慚愧，我選錯了詞，它們聽起來很可笑，也許沒效。

「現在你在心裡默唸，慢慢地唸，把每個字的聲音拉長。」

「克—麗—絲……門……鈕……」我對自己說。

然後我又一連默唸了好幾遍。

「現在我要你對自己唸誦，一遍又一遍，唸十五分鐘。」

露絲望著我，我也望著她，心想她是不是瘋了。

「只要把心專注在每一個字的聲音上，不要想其他任何事。」

露絲說得對，我在反覆唸誦我自己編的真言時，很難再去想其他任何事。即便這個真言是由「克麗絲」與「門鈕」組合而成，我在唸誦時，心也無法集中在克麗絲或門鈕身上。克麗絲是否知道有我這個人存在，或她對我的一口不整齊的牙齒有何看法，或她有沒有發現我臉上那顆青春痘，這些都沒有關係，都不是重點，重要的是我不再聽到腦子裡的播音員的聲音了，他已停止放送。

我在家練習真言，有時一次持誦好幾個鐘頭，原因是它有神奇的鎮定效果。將露絲教我的呼吸方法、凝視燭火及緩慢持誦真言結合在一起，事情開始改變了。

我的父親終於回家了，這次他是在宿醉狀態下並且有了悔意。我的母親走出她的房間，事情又開始了，兩人依舊爭吵，但這回爭吵的內容還包括我們接到搬家通知。在此之前，我一直待在我的房間內練習呼吸和持咒，父母開始爭吵後，不知怎地，我無法解釋，我竟走出房間告訴他們我愛他們。我明白，我以不同的眼光在看他們。講完後我回到自己的房間，沒有憤怒也沒有沮喪，我接受現實。過了幾分鐘後我才發現，我的腦子裡、外都沒有聲音了，屋裡十分安靜。我又走到客廳，發現我的父母都安靜地坐著。

「事情會解決的。」我的父親說。

「我們也愛你。」我的母親說。

那一刻，我並不真的知道事情是否能夠解決，但我知道他們已盡量在愛我。

它雖然和我一直渴望的愛有很大的差距，但在那一刻，這已經足夠了。

我初次見到的人腦是懸浮在裝滿福馬林的玻璃容器內的，灰色的，上面有許多皺摺，很像一個巨大核桃或一個三磅重的大漢堡，一點也不像主宰所有人體機能的超級電腦。我凝視這個皺巴巴的東西，驚訝於這團灰白色的膠狀物質就是思想、語言和記憶的源頭。我將學習大腦各個負責語言、味覺及所有運動功能的部位，但沒人能告訴我——教科書或外科手術也不能——剖開大腦的某個部位便能看見愛湧現出來。沒有一個橫切面能顯示母親哺育和保護子女的動力；切片檢查也看不出促使一個父親兼兩份差來養兒育女、滿足他們更多需求的神奇力量。我也無法在大腦中指出能激發一個人趕去援救另一個人——或一群陌生人在危難中團結在一起——的有形的中樞。

使露絲願意給我她的時間、關懷與愛的，究竟是大腦的什麼部位？

我從懸浮在福馬林液體中的大腦看不到這些東西；我透過顯微鏡進行腦部手術時也看不到它們。在醫學院求學時，我常在夜深人靜時分用我的腦去思索大腦，然後用我的心思索它的反諷。我們到底如何區別與分辨心與腦？我可以對大腦動手術，卻不能對心念動手術，然而腦部動了手術後卻能永遠改變心，這是因果關係中的一個難點——一個循環推論的問題，好比人們常常會問是先有雞或先有蛋。有一天，我真的向露絲提出這個問題。

「詹姆斯，」她說，「如果你肚子餓了，你不會在乎是先有雞或先有蛋，是吧？」我常餓肚子，不管雞或蛋我都歡迎。

她總是有辦法把事情拆解，然後加以透析。她每天都教我如何用新的觀點去觀察我自己的感覺與思想，這種觀察思維的能力——大腦觀察它自己的能力——正是它偉大的奧秘之一。

我們的暑假課程只剩下兩個星期了，正當我專心練習觀察我的思想與摒除我的雜念之際，露絲又從她的寶囊中掏出一個新的招數。

「詹姆斯，」她說，「你看過魔術師把一個女郎鋸成兩半的魔術嗎？」

我點頭。「當然看過。」

「我們現在就要練習這樣的技法，不過對象是你的心，我們要把它剖開，從中間剖開。」

我不懂她在說什麼，但我已習慣露絲對我拋出東西，我知道我只能坐好，繫上安全帶，然後享受這個過程。

露絲的魔法第二招

調和自心

1.一旦身體放鬆(露絲的魔法第一招),接下來就要調心。

2.開始時仍然先專心呼吸,這時往往會產生種種雜念分散你的注意力。每次出現這種現象,你就要把專注力拉回到呼吸上。有些人發現,將注意力放在鼻孔和空氣的進出,有助於他們找回專注力。

3.另外能幫助心不散亂的方法包括:持咒,一遍又一遍重複持誦一個字詞或語句;專心凝視燭火或其他物件。它們能幫助你不要去注意那些散亂的念頭。有的老師會給學生個人專屬的咒語,但你可以挑選任何字詞作為你自己的咒語。找出對你最有效的字詞。每個人的咒語都不一樣。

4.這個方法可能需要花點時間和工夫去練習。不要洩氣。你也許要花幾個星期或甚至更長的時間之後才能看到靜心的效果。那時你就不會再對那些負面的,或令你分心的雜念產生情緒性的反應。這對你放鬆身體所得到的平靜也有加分的效果,因為當你不再被內在的對話分散注意力時，自然就不會有對應的情緒反應。而影響你身體的正是這個情緒反應。

5.每天花二十至三十分鐘練習這個方法。

調和自心有助於清晰思考。

※你可以造訪intothemagicshop.com網站，聆聽語音版練習。

4 從痛苦中成長

我比過去幾天提早出門前往魔術商店，那是因為氣象預報這一天的天氣將打破蘭開斯特八月份的最高溫紀錄——三位數。天空布滿煤灰色的絲狀雲，不是豔陽天，也不是多雲的天氣，眼之所及不是黃褐色就是灰色，但我可以感覺到從地面上升的熱氣穿透我的腳踏車踏板，熱到我都覺得會把我腿上的毛燒焦。我必須左右手輪流握住車把才不會有灼燙的感覺。我又試著放開雙手騎，到了K街剛覺得開始上手時，忽然聽見從聖公會教堂旁邊的空地傳來喊叫的聲音。

我認出那個個子較大的少年，他正在打人。他比我高兩班，我的哥哥和我都曾經被他推開，也被他揍過幾次，甚至被他和他的死黨吐口水。他們兩人結夥，開學期間每天下午三點至五點幾乎橫行蘭開斯特。看來他們連暑假也在加班，因為這時候還不到上午十點。我看到其中一個人正在對一個小孩拳打腳踢，另一個則在一旁叫囂助陣。我看不清挨揍的人是誰，因為他蜷縮著身子面朝下躺在地上，雙手護著頭頂。那一瞬間我以為是我哥哥，後來想起我出門時他仍在家。

我不知道是什麼原因促使我下車叫他們住手。我向來護著我哥哥，這個習慣一直維持到我們長大成人，但我不會主動找人打架，更不會去招惹這幫人。起初他們沒聽到我的呼叫，當我下車朝他們走過去時，幾乎可以感受到他們對地上那個孩子的拳打腳踢，一顆心在胸腔內怦怦亂跳。我深吸一口氣，再度大聲叫他們住手。

「住手！」

那個大孩子弓著身，聽見我的叫喊，他站直了身子對我猙獰一笑，又朝地上的孩子的腹部踢了一腳。我不由得畏縮一下，彷彿被踢的人是我。

「誰在叫住手？」

他們的注意力轉移到我身上，躺在地上的小孩翻身想站起來，我這才看清他的臉。我在學校見過他，雖然想不起他的名字，但我知道他們全家去年才剛搬到鎮上，他的父親在空軍基地上班。小孩的臉上沾滿血，眼鏡掉落在旁邊地上。他的身高大約只有我們三個人的一半。我和這兩個大孩子差不多一樣高，但他們的體重至少比我多出三十磅。我看到他站起來，蹣跚地走向教堂。我不能怪他一走了之。

「你想代替他？」

兩個大男孩對著我向前走了幾步，我立刻感到口乾舌燥，耳內嗡嗡作響。我試著深呼吸，像露絲教我的那樣，但無法完全吸入空氣。

大事不妙。

「你想逞英雄？怪胎英雄？」

我沒還嘴。我試著像在魔術商店學到的那樣放鬆雙手與雙腳。我用腳掌輕輕跳躍，一面釐清我的思路。假如非打不可，我會和他們對打。我不會逃跑。

「我要狠狠揍你一頓，然後搶走你的腳踏車。」

我依舊沒有還嘴。我意識到他的同夥悄悄移到我的背後，但我只是凝視面前那個揚言要揍我的傢伙。他是兩人中的老大。他的臉離我很近，我可以看見他的嘴角沾著一點白白的東西。天氣越來越熱，他的臉上都是汗水與塵土。

「除非你親吻我的腳。」

我想到露絲和尼爾，他們此刻一定都在等我騎腳踏車去商店。如果我沒出現，露絲會不會以為我放她鴿子？有誰會發現我流血躺在這裡？那個挨揍的小孩會不會去找人求助？這個傢伙睡醒後吃了牛奶麥片，沒擦嘴就跑出來揍人嗎？種種念頭迅速在我腦中浮現，但我只是凝視著那一小塊乾了的白色糊狀物，假裝那是燭火。

「親吻我的腳。」

我移動視線，直視他的眼睛，然後開口。這是自從我叫他停止毆打那個小孩後說的第一句話。「不。」

他伸手抓住我胸前的T恤。「親吻我的腳。」他威嚇我，臉上現出一抹他知道他能勝過對方的微笑。他的臉逼近我的臉，我可以聞到並察覺到他吐出的氣息。我微微閉一下眼睛，就在這一瞬間，情況改變了。

我睜開眼睛直視他的雙眼，如同我們試著看清某個東西或某個人那樣。「你想怎樣儘管動手，但我不會親吻你的腳。」

他哈哈大笑，斜睨一眼他的朋友。我看到他揚起眉梢，然後望著我。我瞪著他，沒有眨眼。他將拳頭舉到他的耳後。我不動聲色，只用兩隻眼睛鎖住他，那一刻我完全不在乎他的塊頭比我大，或他的拳頭上仍留有那個小孩的血跡。我不退縮，我不怕他的威嚇，我也不親吻他或任何人的腳。

我們倆就這樣四目對視，那一瞬間我看到了，他也知道我看到了，我看到他的痛苦和恐懼。他企圖以凌虐他人來掩飾他的痛苦與恐懼。

他收回他的眼光，看看他的同夥再看看我。「浪費時間。」

他鬆手，放開我的T恤，隨手輕輕推我一下。我往後退了一步，但是沒有跌倒。

他看也不看我一眼便轉身離開。「天太熱了，咱們走吧。」

他的同夥輕輕推了一下我的背，但我覺得他只是做做樣子，沒別的意思。我看得出他不明白剛才的狀況。他邊走邊對那個仗勢欺人的男孩說話，我知道他在問他為什麼不揍我。仗勢欺人的男孩推了他一下，說道：「閉嘴。」兩人都沒有回頭。

我做了幾次深呼吸，看著他們走開，這才走向我的腳踏車。我不明白剛才發生的事，甚至不明白我為什麼會那樣做，但我感到很舒坦。這時刻我才驚覺我遲到了，露絲正在等我，希望她不要以為我放她鴿子。我騎上腳踏車，盡可能飛快地奔向魔術商店。

我衝進商店，上氣不接下氣，準備告訴露絲和尼爾我在途中發生的事。我為我自己和一個沒有能力自衛的小男孩出了一口氣，我覺得自己像個英雄。露絲一旦知道我的英勇舉動，一定會原諒我遲到。

「露絲！」我大喊。怪了，她和尼爾都不在。「露絲！尼爾！我來了。」沒有動靜。

我朝後面的辦公室走去，這時才聽到他們的聲音，露絲和尼爾正在爭辯。我從未聽過他們發生爭執。

「他只是一個孩子。」

「他一輩子都會記得，你一定要糾正過來。」

「太遲了，傷害已經造成，等他再長大一點我會對他解釋。」

「你可以不要造成傷害，也不應該造成傷害。」露絲生氣地說。

我沒聽過她用這種口氣說話，立刻擔心起來。我做錯了什麼？他們在為我遲到而生氣嗎？這一點也不合理。尼爾對我造成什麼傷害？他要等我長大以後再對我解釋什麼？

「尼爾，每個人都會犯錯，我肯定也對你犯過不該有的錯，但我要說的是糾正錯誤永遠不嫌遲，如果不做你會後悔，相信我。」

接著一片沉默無語。我不希望他們走出來後發現我在偷聽，於是我又走到外面，再一次開門進來呼喊他們。也許這樣他們就不會知道我聽見他們的談話了。

「哈囉，」我大聲說，「露絲，我來了。」

露絲從辦公室裡走出來，她的眼睛紅紅的，跟我媽一樣，我知道她哭過了。

「詹姆斯，」她說，「你遲到了。」

「對不起，我在路上遇到一點麻煩。」

露絲對著我上上下下打量，「你的衣服上沾的是血跡嗎？」

「是的，」我回答，「不過那不是我的血，不要擔心。」

露絲笑著說：「那我更要擔心了。進來吧。」

我從尼爾身邊經過，他喃喃地和我打招呼，但沒看我。我不知道是我的問題還是他的問題，但肯定是不愉快的事。我覺得他好像討厭我。

露絲要我坐下做一次放鬆練習，然後要我默唸我的真言。我照著做，但腦子裡不由自主重複播放剛才偷聽到的談話。尼爾到底對我犯了什麼錯？什麼事嚴重到使露絲哭泣？我再也忍不住了，此刻我完全無法降服我的雜念。

「發生什麼事？我做了什麼？尼爾為什麼生我的氣？」我閉著眼睛一口氣連問三個問題，然後張開眼睛，發現露絲一臉困惑地望著我。

「你為什麼會以為你做了什麼？」她問。

「我聽到妳和尼爾在為我發生爭執，我在門外聽見了。他討厭我。」

露絲依舊瞪著我，然後點頭。「你都聽見了？」

「是的。」我難過地說。我知道露絲和尼爾對我太好，這不是真實的，我很肯定這將是我在魔術商店的最後一天了。

「真的，現在？尼爾說你什麼？」

「他說……」我想了一下，可是想不起尼爾明確說了什麼和我有關的事。

「說啊？」露絲催我。

「說……說已經造成傷害。」

「你聽到了你的名字？」

「沒有，沒有明確說出來。」我說。我不記得他們有沒有提到我的名字，但我知道他們談的是我。我的心裡更難過了。露絲會騙我，告訴我他們不是為了我而起爭執嗎？

「詹姆斯，」露絲柔聲說，「我們談的不是你，我們談的是我的孫子。」

「妳的孫子？」

「是的，尼爾有個兒子，這件事說來複雜而且令人感傷。我想念他。」

「他幾歲？」

「差不多和你一樣大。」

「他現在在哪裡？」

「他現在和他的母親在一起，但這不重要，重要的是為什麼你會以為我們在為你起爭執？為什麼你會以為尼爾討厭你？」

我回答不出來，我以為他們談論的是我。

「詹姆斯，每個人在他的一生中都會遭遇痛苦的困境，我的孫子和我的兒子這件事讓我很傷心，它就像一個傷口。如果我的膝蓋割破了我會怎麼做？我要照料它——清洗、消毒、包紮，使它妥善痊癒——還是我可以不理它，假裝沒這回事，假裝它不會痛，穿上長褲遮住它，希望它消失。這是最好的治療方式嗎？」

「不是。」

我又不明白她在說什麼了。

「我們內心的創傷也是一樣。我們必須照料它們，它們才會痊癒，否則這個傷口會一直痛下去，有時會痛很久。我們都會受到傷害，這是免不了的，但妙的是，這些傷害我們、使我們痛苦的事都有它不可思議的目的。我們的心受傷時就是它們打開的時候。我們從痛苦中成長，我們從困境中成長，這就是為什麼你必須接受生命中的每一個痛苦和每一個困境。我為那些一生平順的人感到難過，他們沒有經歷任何艱難困苦，他們錯失這個禮物，他們錯失這個神奇的魔法。」

我點頭。我常拿自己和我那些似乎擁有一切的朋友互相比較，他們不需要在雜貨店排隊，也不需要忍受母親遞出糧票時店老闆注視你的眼光，或在政府的食物銀行排隊等待某個人發配奶粉、奶油和一塊雪白的乳酪給你。他們的父母不會吵架，不會喝醉酒，也不會服藥過量。他們不必懷著這一切痛苦多少是因他們而起的錯覺上床睡覺。他們有車、有錢、有衣服、有女朋友，以及舒適的房屋。露絲卻為他們感到難過？

「詹姆斯，我要教你的下一招是打開你的心胸。有些人很難做到這一點，但你應該會容易些。」

「為什麼？」我問。

「因為生命已經為你打開你的心胸，你懂得關心，詹姆斯。你關心你的家庭、你的哥哥、你的母親，甚至關心你的父親。你關心尼爾生你的氣。你關心，所以你才會每天來。我相信你會關心別人——這是打開你的心胸的一部分。」

我想到那天早上挨揍的男孩，我和他不熟，但我的確關心他，為此我停下腳踏車。我知道我關心，因為我有可能是那個被欺侮的孩子（我也曾經被欺侮過）；我關心，因為我受過千百萬次侮辱，那是一種傷痛，強烈的傷痛。

「打開你的心胸的另一個部分，也是你必須好好練習的，是你要關心你自己。」關心自己。這個容易。

「你認為我們的談話和你有關是有原因的，詹姆斯，你從你聽到的談話內容就武斷地認定尼爾討厭你。」

「我只是誤會而已。」我說。

「是的，」露絲笑著說，「我們都會誤會。誤會對方，誤會自己，誤會情勢。這是一堂值得學習的課——並不是每件事都和我們有關係。我想在我的孫子這件事上，我也必須學習這堂課。」

我點頭。

「每個人都會選擇生命中可以被接受的東西。小時候我們沒有太多選擇，生下來就是這種家庭，這種環境，這些都不是我們能掌控的。但我們慢慢長大後，我們可以選擇。不管是有意識或無意識，我們決定我們要如何容忍別人對待我們。你會接受什麼？你不會接受什麼？你都必須選擇，必須堅守立場。沒人能替你承擔。」

我始終沒有機會告訴露絲那天早晨在路上發生的衝突，我也沒有再聽過尼爾和露絲發生爭執。接下來那個星期，她每天都教我如何打開我的心胸。她告訴我，我們腦子裡的所有對話往往是吹毛求疵與負面的，很容易使我們做出對自己不利的反應，並且使我們一再重溫這些事件，或者希望事情可以怎樣或應該怎樣，結果往往使我們無法面對現實。那天早上露絲要我稱讚自己。多麼奇怪的事。我一遍又一遍對自己重複說：**我很好，這不是我的錯，我是個好人。**它就像我的腦子裡有個播音員，但它說的是讚美自己與安慰自己的話。只要發現自己在聽另外一個播音員的聲音，我就要立刻制止它，改對自己說一些友善的話。

「我值得，我有人疼愛，我有人關心，我關心別人，我只選擇對自己有益的，我只選擇對他人有益的，我愛自己，我愛他人，我打開我的心，我的心胸是敞開的。」

露絲要我把這十件自我肯定的事項寫下來，不但要每天早晚複誦，並且任何時刻想到都要反覆默唸，尤其是做完放鬆身體與克服雜念的練習之後。這些話聽起來真的很可笑，但我還是照著去做，並且感激她沒有要求我大聲說出來。接下來，她要我以愛心去觀想我自己、我的家庭、我的朋友，甚至我不喜歡或不值得我喜歡的人。當我聽說要對我不喜歡或不值得我喜歡的人傳送愛時，我的臉上露出不解的表情。露絲以一種非常慈祥的表情對我說：「詹姆斯，那些傷害別人的人往往是傷痛最深的人。」但這很難。我很難把那個曾經毆打我的人想成他不是壞蛋。這不是真的。而且我依然討厭他和其他所有曾經對我刻薄、曾經傷害我的人。但我仍盡量照她的吩咐做，一遍又一遍。一段時間之後我發現，假如我觀想他們受到傷害或被毆打而疼痛哭泣，然後觀想假如這種事發生在我身上時會有什麼感受，這時候再以慈愛的心去想他們就容易多了。後來我又明白，當我生某個人的氣時，通常是因為我自己內心受到傷害。了解之後就更容易了。我以前從來不知道我會因為一件事而生自己的氣。露絲那句話經常出現在我腦海中：「那些傷害別人的人往往是傷痛最深的人。」她說的一點也沒錯，而且這正是她的重點，如果你能治好自己的傷，你就不會痛了，你也不會去傷害別人。哇，露絲當時是在治療我嗎？

一個星期前，露絲告訴我她要教我的最後一招是幫助我如願以償的力量。我可以開始學習了。老是對自己的心說話，我都覺得有點煩了。許多時候想到它都讓我感到傷痛，它會勾起我許多痛苦的回憶，而這些痛苦的往事是我花了很長時間刻意埋藏在心底的，免得痛苦加深。但我發現，雖然它再現起時很痛苦，但它會一次比一次減輕，不再那麼傷痛。最後，當我在心中重溫那件事時，我不會再有相同的情緒反應了。我可以平靜地回憶它而不會在傷痛中迷失；我可以平靜地回憶它而不怪罪自己或認為那是我的錯；我可以坦然面對它。我逐漸發現，雖然那個播音員還在，但我已不太去注意它，甚至可以把它的聲音關到很小、很小。

露絲打開我的心胸，雖然有時會痛，但也很舒坦。

每個人都有個共同點，就是我們聽到的第一種聲音都是母親的心跳聲。那個穩定的律動是我們每個人都知道的第一個連結，不是從我們的智力，而是從我們的心知道。我們在幽暗的地方從心找到我們的慰藉和安全感，它將我們聯繫在一起，當我們分離時，心也分開了。心有它自己的魔法——愛。

威斯康辛大學腦神經學家理查・戴維森（Richard Davidson）最初探討慈悲心時，他的研究對象是長年累月觀修的西藏僧侶。他請僧侶們戴上一種頭罩，頭罩上連接無數的腦波電子感應器，用來測量他們的慈悲心。僧侶們聽了之後都哈哈大笑，研究人員以為是頭罩看起來太滑稽，因為上面有無數感應器，每個感應器都有一條長長的電線，看起來活像一頂滑稽的假髮。事實上，僧侶們笑的不是科學家以為的那個頭罩。科學家都誤會了。後來有位僧侶解釋他們覺得好笑的原因。「誰都知道，」他說，「慈悲心不是來自大腦，而是來自內心。」

研究結果顯示，心是一個有智力的器官，它具有強大的影響力，這些影響力不單單來自我們的大腦，而是來自我們的大腦、我們的情緒、我們的推理，以及我們的抉擇。心不是被動地聽候大腦的指示。心不但有它自己的思想，而且會傳達訊息給身體的其他部位。腦幹和心臟及其他器官上分布廣大的迷走神經，這些都屬於自律神經系統（ANS）。

心臟的節律型態又稱為心率變異度（HRV），是我們內在情緒的一種反射作用，受自律神經系統影響。在承受壓力或恐懼時，迷走神經張力下降，那部分的迷走神經系統會有一種強勢表現，叫交感神經系統（SNS）。

交感神經系統和我們的神經系統中最原始的部分有密切的關係，當我們面對威脅或恐懼時，它會使血壓升高、心跳加快，並以減低心率變異度來回應。相反的，當一個人內心平靜、心胸開闊、身體放鬆時，迷走神經張力增強，由副交感神經系統（PSNS）來主導。副交感神經系統激發休息與消化反應（rest-and-digest response），而交感神經系統則激發打或跑反應（fight-or-flight response）。科學家藉著測量心率變異度，就能分析出心臟與神經系統如何回應壓力與情緒。愛和慈悲的感覺與心率變異度增強有關；我們感到不安、憤怒或挫折時，我們的心率變異度會減低，它會變得更穩定、更有規律。許多人都把它搞混了，以為當壓力增加、心跳加快時，我們的心率變異度似乎應該變得更混亂、更不規律、變化更強烈；反過來，當心率變異度最穩定時，我們應該最平靜、最放鬆才對。然而，事實上恰恰相反。

有趣的是，心因性猝死最大的原因之一是心率變異不足——這是長期面對威脅、迷走神經張力下降的結果。壓力、焦慮、長期恐懼、負面思考都能造成血液以超強的力道輸入心臟，這就等於身體在一間觀眾滿座的戲院內高喊「失火了！」，這樣一而再、再而三就會有人在混亂中遭到踐踏。

露絲幫助我建立新的腦神經連結。這是我最早體會到神經的可塑性，比這個專有名詞被科學界廣泛運用早了許多年。事實上，雖然美國心理學家威廉・詹姆斯（William James）早在一百二十年前便提出這種理論，但直到二十世紀晚期，人們才明白神經可塑性是可能的。露絲不但以建構新的神經迴路來訓練我改變我的大腦，她同時訓練我調節我的迷走神經張力，從而影響我的情緒狀態和我的心率及血壓。她憑著一種直覺——她完全不懂這些魔法背後的生理學依據——訓練我學會更專注與細心、平靜，提升我的免疫系統，減低我的壓力，甚至降低我的血壓。我母親有一天問我是否在吸毒。這點，我從來沒有，我怕死了酒精和毒品。當時我的母親已有好幾次企圖仰藥自盡的紀錄。她對我說，我似乎比以前更平靜、更快樂，並說我似乎沒有以前那麼急躁。露絲協助我改善調整情緒的能力，增強我的同理心、我的社會連結，使我變得更樂觀。她改變了我對自己和對世界的看法。

從而改變了一切。

技藝高超的魔術師都知道如何在觀眾不知不覺的情況下控制他們的注意力，操縱他們的記憶，影響他們的選擇。露絲教我放鬆身體降伏雜念，就是在引導我學習如何控制我自己的注意力。她是在教我施展有史以來最偉大的魔術，一種比胡迪尼的幻術更偉大的魔法，而且是在一群隨時可能提出質疑的觀眾面前——我的心。

藉著學習觀察腦中的雜念，我也在學習將自己與這些雜念隔離。至少，露絲教我要這麼做。有時我不很確定我完全明白學這些有什麼意義。儘管跟著露絲學習她的魔法，我依舊看不出我的生命有什麼改變，我依然住在鎮上沒有人願意去的貧民區小公寓；我依然很窮；我沒有朋友，更談不上社交生活。我雖然知道父母愛我，但我的生活機能依舊不足，混亂脫序。那個年代，假如你生在富裕人家，你就成功了；假如你生在窮苦人家，你就像一個被帶到舞臺上的傻瓜，經過催眠師的催眠後以為自己是一隻鳥，無論如何用力展翅都飛不起來，臺下的人卻只會哈哈大笑。我嘗試打開我的心，我不斷反覆肯定自己，但在心底深處，我仍然是那個苦哈哈的貧苦孩子，住在一間小公寓內，渴求食物與愛。

我有我的過去和對未來的憧憬，我還沒有準備好將我的傷痛視為一種禮物，但我準備接受露絲要教我的最後一招魔法。她已經連續五週每天指導我，再過一個星期她就要返回俄亥俄州了。

「詹姆斯，」露絲說，「我知道你不相信我教你的方法真的管用，但我希望你明白它已影響了你，這個影響力遠遠超過你目前的認知。」

我點頭，想插嘴告訴她確實影響了我，但她不讓我有開口的機會。

「我們相處的時間所剩不多了，詹姆斯，在剩下的時間中，我要教你我知道的最偉大的魔法，但你一定要認真聽我告訴你的每一句話，每一件事。這點十分重要，原因是，不同於我們先前一起做的那些練習，最後這一招具有無比的威力，能帶給你任何你想要的東西。但也因為它能給你任何你想要的東西，所以它是危險的。你必須了解，你想要的東西不一定是對你和對他人最有利的東西。你必須先打開你的心胸去了解你想要什麼，然後才運用這一招魔法。如果你不是真的了解你想要什麼就去追求你認為你想要的東西，最後得到的將是你不想要的東西。」

嗄？再說一遍？

當時我完全聽不懂她在說什麼，我只聽到「它能帶給你任何你想要的東西」。

我躍躍欲試。我知道這是一招如同露絲所說的能改變我一生的魔法。我曾試著請她早一點教我這一招，不斷告訴她我的心胸打開了，我們現在就開始練習吧。

但她總是搖頭。

「詹姆斯，」她提醒我，「你不可以跳過打開心胸這一步，它才是最重要的，相信我。你要答應你永遠會先做這個，然後才做我要教你的最後一招。我知道你認為我教你的是一種戲法。在某些方面它們或許是魔術，但請你記住，這些魔術具有威力，如果你不把我的話當一回事認真聽，你將會付出嚴重的代價。你現在跟我學，將來才不必學得太辛苦。」

「我答應。」只要能學到露絲的最後一招魔法，我什麼都答應。至於有沒有打開心胸我並不在乎。我早已知道我想要什麼。

我知道我想要什麼。

我但願當時能仔細聽她的話。我但願我在十二歲時便學會打開心胸面對一切——

對他人，以及對全世界。我也許因此避免許多痛苦？我的人生功課會因此改觀？關係能得到改善？我會是一個更好的丈夫？一個更好的父親？一個更好的醫師？我會像我的前半生那樣輕率地追求我想要的東西？我會做什麼不一樣的選擇？這一切都很難說。我相信我們都會學到我們該學的，而有些人就注定要在痛苦中學習。露絲盡可能想辦法幫助我。她教我要自己負責，不要讓別人來決定我的價值、我存在的意義，或我的潛在能力。她盡力協助我免於遭受痛苦。但我當時太年輕，心中有太多渴求。她教我如何調和我的心時，為我打開了一個新境界，但我卻對它猛烈進攻，彷彿它是敵人。我當時無法理解我現在所知道的，因為假如我當時能理解，我就會真的先打開我的心胸。頭腦具有無比的威力，但如果我們先打開心胸，我們才能得到我們真正想要的東西。

一個人若能從痛苦中學到教訓，經歷痛苦就是一個禮物。但是當我們不必要地造成痛苦與苦難——不但對自己也對他人——時，這對於和你一起走在同一條路上的人不但不尊重，也不公平。露絲教我一種威力無比的魔法，假如我對露絲那天所說的話能多注意一點，我就能拯救自己和其他許多人了。

但我當時仍是青澀少年，才剛開始學習專注。

露絲的魔法第三招

打開心胸

1.身體徹底放鬆（露絲的魔法第一招）。

2.身體放鬆後，將注意力集中在你的呼吸上，試著完全放空心中的所有念頭。

3.有雜念生起時，將你的注意力再導回你的呼吸上。

4.繼續吸氣、吐氣，完全放下雜念。

5.現在觀想你生命中給你無條件愛的那個人。無條件的愛不是十全十美的愛或沒有傷害與痛苦的愛。它是指某個曾經無私地愛你的人。如果你想不出任何一個無條件愛你的人，你可以觀想生命中你對他付出無條件愛的那個人。

6.當你一邊緩緩吸氣和吐氣時，一邊靜靜地感受無條件的愛帶給你的溫暖與滿足；感受無條件愛的力量，以及你被接受和被關愛的感覺，即使你有那麼多缺點和不完美。

7.觀想某個你關心的人，並且將你的無條件的愛擴大到那個人身上，明白你正在給他的禮物和別人給你的禮物是一樣的，能使他人也感受到被關愛與護衛。

8.當你把相同的無條件的愛送給你關心的人時，再想一想當你得到別人無條件的愛與接受時，你的感受如何。

9.再一次回憶無論你有多少缺點和不完美，你仍得到關愛、保護與愛時的感覺，接著觀想一個你認識但沒什麼感覺的人（不愛也不恨）作意將同樣無條件的愛送給他。當你用愛去擁抱這個人時，祝福他有個無憂無懼的快樂人生。將那個人放在你的心上，然後看到他的未來，看到他的快樂。讓你自己浸浴在那種溫暖的感覺中。

10.現在觀想一個和你有宿怨或你痛恨的人。明白一個人的行為往往是他的痛苦的顯現。將他們視為你自己，一個有缺點、不完美，有時也會掙扎、犯錯的人。想一想在你的生命中給你無條件愛的那個人，回想那種愛與接受如何影響你。現在將同樣無條件的愛也送給那個和你有宿怨或你痛恨的人。

11.把每一個你見過的人都視為一個有缺點、不完美的人，他們和你一樣也會有過失、也會做錯選擇，有時也會傷害別人。但他的內心掙扎，他需要愛。把無條件的愛送給他人。在你的心中用愛、溫暖與接受浸浴他們，無論他們會有什麼反應。

重要的是你要打開你的心胸。心胸打開了才能與他人連結，才能改變一切。

※你可以造訪intothemagicshop.com網站，聆聽語音版練習。

(5) 三個願望

露絲答應教我史上最偉大、威力最強、最神秘，同時能改變生命的一招魔法時，暑假已接近尾聲。我仍然不知道那是怎樣的魔法，但我幻想我會成為有史以來舞臺上最偉大的魔術師。大多數魔術師都是從絲巾中變出鴿子，或從一頂帽子或一副攤開成扇狀的紙牌突然變出一隻兔子。最厲害的魔術師還能把自己變出來——不知從什麼地方神奇地冒出來，忽然出現在舞臺中央。暑假剛開始時，我沒有期待任何收穫，但就像一個從瓶中出現、給人三個願望的精靈般，露絲要教我如何變出我想要的任何東西。

這是露絲在蘭開斯特的最後一個禮拜，感覺上這六個星期彷彿有一輩子那麼長，卻又似乎一轉眼就過去。用六個星期時間學四招魔法好像很久，但露絲說一般人通常要花很多年才能把這種魔法學得很熟練，所以我必須終身練習，讓它養成習慣。在我經常往魔術商店跑的這段日子中，我們每天都要練習這些招數，直到我上手為止，那時露絲才會同意傳授我下一招。

我盡量不去想露絲回去後我該怎麼辦，或我要如何度過剩餘的暑假。想到開學我就感到焦慮，當我開始焦慮時，我就做深呼吸與放鬆全身。露絲告訴我焦慮是白白浪費時間，但我仍然為學校，為我媽，為我爸，為九月一日該繳房租時我們會不會被勒令搬家而擔心。家裡的情況並不樂觀，我媽似乎越來越憂鬱，我爸最近失業，因為他跑出去狂飲幾天不見人影，現在他整天坐在家裡抽菸、看電視。他向我保證房租沒問題，一直叫我不要擔心，但他的承諾並不可靠。我很擔心。我擔心我們會被趕出去。我擔心我媽又會服藥過量。我擔心我爸會再出去喝酒，把家裡僅剩的錢都帶走。我擔心我哥哥，他會躲在我們倆共用的房間哭泣。我不會哭。我必須維繫這個家。我必須一家酒吧挨著一家酒吧去尋找我父親，把他還沒花掉的錢拿回來。萬一我媽又企圖自殺，我還必須隨著醫護人員坐上救護車將我媽送去醫院急救。我的哥哥被那些壞孩子欺侮時，負責護衛他的也是我。

我走進魔術商店時用力鬆一口氣，彷彿我回到家了。尼爾從櫃臺後面對我招手。前一天我要離開時，他告訴我有一個很少人知道的魔術師協會，你必須接獲邀請才能進去，而且你必須保守秘密，不能告訴圈外人。

「但我要告訴你一個最重要的秘密，」尼爾說，「你必須相信你自己的魔力，這才是造就一個偉大的魔術師的重要因素。他要相信他對觀眾述訴說的故事，他要相信自己。這與幻術、掌聲，或任何敏捷的手法無關，重要的是魔術師要能相信自己，並且使觀眾相信他的能力。魔術不能讓觀眾看得不開心。魔術不是譁眾取寵或欺騙。一個真正的魔術師要把觀眾帶進一個一切都有可能、一切都是真的、使難以置信成為可信的世界。」

我問尼爾為何告訴我這些，我又不是──還不是──這個秘密會社的一員。

「你將來會施展偉大的魔法，詹姆斯，我知道，我媽也知道，但你必須知道，你必須真的相信，這才是最重要的，而且這是所有魔法的秘密中最大的秘密。明天你開始練習最後一招魔法時要記住這一點，甚至在我媽回去之後，你都必須牢牢記住。」

露絲在後面的辦公室中央擺了一張有點像電視櫃的小桌，點了一根大蠟燭立在桌上。我以前從未見過它。那是一個高高的圓柱狀的紅色玻璃燭臺，外面圍繞著棕色與橘色的螺旋紋，玻璃燭臺內的蠟燭是白色的，在燭臺內大約三分之一的地方燃燒著，玻璃外的螺旋紋使燭火看起來好像會動、會跳舞。她把辦公室的燈關掉，因此光線很暗，顯得格外神秘。

「那是什麼氣味？」我問露絲。

「檀香，」她說，「能幫助你夢想。」

我猜測我們是否要通靈？也許露絲會拿出占卜板來玩碟仙。我既興奮又緊張，彷彿重新來過，這又是我的第一天。

「請坐。」露絲對我微笑，一隻手放在我的肩膀上。她知道我很期待這一招魔法。

她在我對面坐下，凝視著我，幾分鐘後才開口說：「詹姆斯，告訴我你這一生最想要什麼？」

我不知道要怎麼說。我知道我想要金錢，足夠的金錢，這樣我才不必再擔心任何事；有足夠的金錢，任何時候都可以買我想要的東西；有足夠的金錢，人們才會對我的成就留下深刻印象並重視我；有足夠的金錢，我才會快樂，我媽不會憂鬱，我爸也不再需要買醉澆愁。

「越特殊越好。」

我有點不好意思說出來，但我還是說了。「我想要很多錢。」

露絲微笑。「多少錢？說個數字。」

我從未想過需要多少錢才能使這些夢想成真。我毫無概念。

「足夠的錢。」我說。

露絲輕笑。「詹姆斯，我要你說出到底要多少錢才算足夠。」

我想了一下。我常看見一位男士開著一部銀色的保時捷從學校外面經過，他一定是在附近上班或住在附近。他看起來好酷。我發誓有一天我也要擁有一部那樣的跑車。我還記得班上有個同學的父親開建設公司，他曾經請我去他家玩。他家的房子大得像莊園，後面有個大院子，還有一座大型游泳池和一座網球場。我將來也要住進一棟像那樣的房子。我還記得我同學的父親手上戴著一支鑲鑽的勞力士金錶，躺在游泳池畔。他把金錶取下放在旁邊的小桌上，見我注視金錶，便叫我拿在手上掂掂看。金錶很重，他說是純金的。我問他值多少錢，並不知道這是很冒昧的問題。他眼睛眨也不眨一下地說六千元。這在一九六八年是一筆很大的數目。我無法想像買一支手錶需要花這麼多錢，但我告訴自己，將來有一天，我也要有一支和這個人一樣的手錶。我還記得後來我看電視影集《夢幻島》，也在心中夢想將來有一天要擁有自己的小島。我還許下自己的願望。我希望矯正我那一口不整齊的牙齒，這樣人家才不會取笑我，我也不再為它感到尷尬。我希望能去豪華餐廳吃飯，像我從電視上看到的那樣。我希望擁有許多財富，許多地方都以我的名字命名。擁有這些東西之後我才會感到快樂，而我最想要的就是這個——快樂。

「很多，」我說，「足夠我買任何想要的東西。」

露絲絲毫不放鬆地追問，「多少才算足夠？」她問。

我想說兩百萬，但我不希望她認為我太貪心。最後我說：「一百萬元，這樣足夠了。」

露絲叫我閉上眼睛，全身放鬆，摒除腦中的雜念，然後叫我打開我的心。我對於把心打開這件事還不是很了解，但仍然依樣畫葫蘆。「現在，詹姆斯，」她說，「我要你看到自己擁有**足夠**的金錢，在你心中看到這一百萬元。」

起初我只看到一個房間內裝滿錢，一疊又一疊的鈔票從地上堆到天花板。露絲問我在心中看到什麼影像，我形容給她聽。

「詹姆斯，我不要你看到這些錢，我要你看到自己擁有足夠金錢的樣子。你明白我的意思嗎？」

「不太明白。」我說。

「你可以有兩種方式在腦中觀想你自己。一種方式是像看電視那樣看到你自己；另一種方式是用你自己的眼睛去看外界。我要你想像當你有了這一百萬元後，你看到的是什麼樣的世界。試著以你的百萬元眼光去看這個世界，想像你已經擁有你想要的金錢。你能看到什麼？」

我閉上眼睛試著想像未來。我看到一部保時捷911 Targa跑車，銀色的。但我無法用自己的眼睛想像任何畫面。我可以看到我開著這部跑車，但那是隔著一段距離，就像我在看電視一樣。我看到自己在一家豪華餐廳吃飯；我看到一座豪宅，幾乎像一座城堡那麼雄偉，可是當我試著用露絲說的那種眼光——彷彿它們都屬於我的眼睛——去看時，卻做不到。我只能像看電影那樣看到這一切，連能夠想像它們的時間都很短暫。

「我以為這很容易，」我對露絲說，「事實上很難。」我告訴露絲我看到保時捷跑車，並像看電影那樣看到我坐在跑車上。

「它需要練習，需要時間和不斷的練習，最後你就能看到你在開這部保時捷。我要你試著想像你的手觸摸方向盤皮套時有什麼感覺，車子的味道像什麼？它的聲音像什麼？看看時速錶，告訴我你開得多快。車外是什麼風景？現在是白天或晚上？你開這部車時身體有什麼感受？」

「我要想像這些？」

「它很困難，但很有效。你可以藉著想像來擁有你想要的一切。很簡單，但同時也很困難。

「我曾想像自己今年夏天來到蘭開斯特，看到自己在這家商店內，和我的兒子在一起。我想像陽光如何照在玻璃上。我看到尼爾握著我的手，我還看到一個少年跟我說話。早在我計畫這趟旅程之前，我便在內心創造這些願景，然後使它成真。我當時並不知道我要如何來蘭開斯特，但我相信我會在今年夏天來這裡。在我心中，我已經先抵達這裡了。」

「妳看到我？」我問。

「我看到我和一個男孩每天在一起。當時我以為那會是我的孫子，結果不是他，換成了我每天和你在一起。所以，詹姆斯，我在想像這趟旅程之前就先打開我的心。我打開心胸，想像我會在一個有人需要我的地方，然後相信它會發生。並不是所有事情都能按照我們希望的那樣發生，但我知道該發生的一定會發生。我不知道為什麼這段時間我會和你相處，但我知道一定有原因。我也知道，如果我必須和我的孫子在一起，它也一定會發生。詹姆斯，有句古諺說：『當學生準備好了，老師就會出現。』你就是這個準備好的人。」

我對露絲的私生活所知有限，但在這次談話後時隔四十五年的今天，我得知露絲在第二年——一九六九年——終於和她的孫子寇帝斯在距離蘭開斯特一百多哩的伊莎貝拉湖鎮一起度過暑假。她施展了她自己的魔法。也許他和我一樣，已經準備好了，所以這件事才會發生。

那一天，露絲叫我回家後要練習她教給我的前三招魔法，並且要特別注意把我的心打開，然後再把我這一生想要實現的願望一一寫下來。「我要你寫十件你想要的東西，思考一下你想要實現什麼，寫下你想成為怎麼樣的人，明天把它帶來給我看。」

「我想我有三個願望，不是十個願望。」

「詹姆斯，你可以有很多很多願望，像天上的星星那麼多，但我們先從你明天帶來的十個願望開始。」

在此之前，露絲都沒有給我家庭作業，但我乖乖照她的話去做。

1.不要被趕出去
2.和克麗絲約會
3.讀大學
4.當醫師
5.一百萬元
6.勞力士錶
7.保時捷跑車
8.豪宅
9.小島
10.成就

第二天我把這張清單交給她，她看了一下，只「嗯」了一聲。

「怎麼了？」我問她。

「詹姆斯，你寫這張清單時，有像我要求的那樣把你的心胸打開嗎？」

我點頭稱是。這是我第一次也是唯一一次對露絲撒謊，但我實在不知道如何打開我的心胸。我不是真的了解露絲教我的東西，而且我急於知道如何才能得到我想要的東西，因此我不想再多問，也不想重頭來。我只剩下六天時間可以學習如何使我的清單上的願望成真。

「我不知道你想當醫師。」

那一天是我讀四年級時的「職業生涯日」——這一天會有社區內的專業人士來教室介紹他們的職業生涯。已經來過的有消防員、會計師和保險業務員，這些我都沒什麼興趣。那個消防員很酷，但他說他的工作大部分時間都在等待不好的事發生。但是後來這個不一樣，他對我們每個人微笑，他是個醫師，小兒科醫師，專門照顧小孩。

「照顧生病的人，特別是生病的小孩，是一種光榮，也是一種特權，需要非常特別的人才能做這種工作。」他對班上同學說，「我小時候有嚴重的氣喘，差一點死掉，我母親帶我去看醫師，我永遠忘不了他的笑容。我一看見他就知道我不會死，那一刻，我知道我將來要當醫師。」

他站在教室前談他的工作時，臉上煥發著光彩。「它不是一個職業，」他說，「它是一種使命感，但不是人人都會有的使命感，必須是那些能夠比一般朝九晚五的上班族花更多時間在工作上的人才會有的使命感。你必須長時間工作，因為病人需要你，如果你讓他們失望，他們很可能活不下去。」我環顧四周，看教室內有沒有其他人和我一樣著迷。他一定發現我張口結舌，因為他講完後我們下課休息，他便走向我，問我的名字。

我雖然很喜歡閱讀，某些課業的成績也不錯，但我不能算是個好學生。我不懂得用功的必要，雖然我的父母鼓勵我用功，但我沒有書房，遇到不懂的地方也沒有人能協助我。電視機開得很大聲，或家裡有人吵架時很難專心讀書。我的老師似乎比較關心那些聰明的，或永遠都做好準備的學生。我不記得她有哪一次問我為什麼上學遲到，或為什麼沒寫功課。我唯一會站起來發言的時候，都是講一些常為我帶來麻煩的笑話，其他時候我總覺得我像個隱形人。但面對這位先生，我有問不完的問題。

「你看過人死掉嗎？」、「人出生時是怎樣的？」、「你會幫人打針嗎？」、「小孩在你的辦公室哇哇大哭時你怎麼辦？」

我問了他十幾個和小兒科醫師生涯無關的問題，他都耐心地一一回答。當他要離開時，他和我握手，彷彿我是一個成人。

「也許將來有一天，你也會成為一個醫師。」

我無法想像我會上大學或成為一個醫師，那是不可能的，它就像有一天我會在月球漫步一樣遙不可及。但他似乎不像在開玩笑。他直視我的眼睛，說：「我看得出你有愛心，我看得出你會成為一個好醫師。不要小看你自己。」他轉身離開教室時又回頭對我微笑。

「不要小看你自己」這句話一直不斷出現在我腦中，但我不太懂這句話的含意。我並沒有小看我自己──應該說我從沒想過我有任何優點才對。

但在那一刻，儘管我家沒有人讀過大學，我卻決定我將來要讀大學，成為一個醫師。我立刻想像醫院的擴音器在呼叫我，像我在電視上看到的《班‧卡西醫師》影集那樣。他是神經外科醫師，所以我更記得他。巧合嗎？誰知道？但我可以告訴你，直到今天我仍然可以在心中清楚地看見他，並聽見擴音器的聲音。

我對露絲說：「是的，我想當醫師。」然後我又更正，「我知道我將來會成為醫師。」我並不知道如何使它發生──我從未夢想讀大學，更別提讀醫學院──但那一刻我知道它會發生。

露絲雙手合十，彷彿我辦了一桌盛宴。

「對了，」她說，「就是這樣。」

「怎樣？」

「知道。你必須知道你將來會成為一個醫師，然後你必須在腦子裡觀想它，就像你已經是個醫師，用你的醫師眼光去看世界。」

我閉上眼睛試著想像。很難。我只能勉強看到自己成為一個醫師，低頭可以看到自己身上穿著白袍，但影像很模糊。「看不清楚。」

「這就是為什麼你必須先放鬆身體，摒除雜念。」露絲說。她又再度引導我從第一步開始。「現在你集中注意力了，再來是確立你的目標。」

「我的什麼？」我睜開眼睛問。

「你的目標。如果你放鬆身體、摒除雜念、打開心胸，才比較容易確立一個清晰的目標。你想成為醫師的目標要非常明確。」

我閉上眼睛，心裡想著：**我要成為一個醫師，我明確地想成為一個醫師，我很明確地想成為一個醫師**。我不知道哪一個比較好，所以我全都想。

「現在，詹姆斯，在你的腦中想像你從窗戶望出去，這扇窗蒙上一層霧，就像你坐在車上，窗外面很冷。觀想你的目標好像在解凍一樣，一次又一次確認你的目標，讓那扇窗越來越清晰，霧越來越少。窗的另一邊是成為醫師的你，你看到的窗外影像越清晰，這個影像就越有可能成真。」

我一次又一次觀想，終於可以透過腦中的那扇窗看到自己穿著白袍。

「繼續保持下去，」露絲說，「一天又一天、一個星期又一個星期、一個月又一個月、一年又一年都這樣持續觀想，無論你透過心中的那扇窗看到什麼，它都會成為事實。而且你越能夠觀想你已經擁有窗外那個東西，或你已是窗外那個人，它就會越快實現。」

「真的嗎？」我問露絲，「妳保證這個魔法真的有效？」

「我保證。」露絲說，「我沒有騙過你，詹姆斯，現在也不會騙你，但它需要努力，而且有些東西需要花更長的時間才會實現。有時候它也未必和你的期待完全一樣，但我向你保證，你寫在清單上的每一項，你用你的心去感知，你在腦中觀想的一切，如果你真的相信，如果你很努力去做，它都會實現。你必須先看到它，然後去追求它。你不能光是坐在房間等，你必須用功讀書得到好的成績，然後去讀醫學院，然後學習如何做個好醫師。但你會神奇地將它吸引過來，成為你想成就的那個人。如果你同時運用你的頭腦和你的心，它會實現。我保證。」

回家後，那天晚上我決定把露絲今年暑假告訴我的一切都寫下來免得忘記。我從我的藏寶箱拿出筆記本，翻到空白頁，在最上方寫下「露絲的魔法」，然後把我知道的放鬆身體、摒除雜念、打開心胸、確立目標這些全部寫下來。我把我能記得的露絲說過的話全都寫下來，即便我還不太懂它的含意。我還在頁面邊上註記。我不想遺漏任何東西。我把我的十個願望也抄錄在筆記上。

我讀清單上的第一個願望「不要被趕出去」，又讀了露絲說的有關最後一招的所有內容。她叫我觀想我想要的東西，一遍又一遍對自己重複我的願望，然後在心中建構清晰的畫面。我不能想我不要的東西，但我不知道如何觀想不要被趕出去。

我們以前曾經被勒令搬家過。警察上門，給我媽一張搬家通知單，然後房東雇用的人把我們的東西全都扔到街上……我不希望重複想這件事。再說，當你明知它會發生時，你如何想像它不會發生？我們的鄰居和我的朋友都會看到我們被攆出去，沒有地方可去，然後被送到收容中心，我們的所有物品被運到垃圾場。我一次也不想再回憶這個往事，太痛苦了。

我想到露絲的話，決定觀想相反的影像。剩餘的一個星期，無論我是否和露絲在一起，我都要持續建構我們全家都住在我們家的影像。我看到我們付清房租，我看到我們很快樂，我在腦子裡使模糊的窗變得很清晰。

偶爾我還是會發現自己仍然想著警察來敲門。那是很恐怖的敲門聲，又大又急，不理會都不行。我明白這種敲門聲代表什麼，也明白每個月的第一天快到了，露絲會離開蘭開斯特，我會無家可歸。兩種影像在我心中搏鬥，但我心中模糊的窗一天比一天清晰，我看到我母親付房租，我們仍住在我們的公寓。我在腦中反覆想著：「房租會付清，我們不會被趕出去。」

那個星期露絲和我每天都練習，直到最後一刻。她會叫我觀想我成為一個醫師。回家後我就練習觀想房租付清。我父親說他在等一筆錢進來，那是他很久以前上班應得的工資。但我不相信。這種話他說過很多次了。被迫搬家的日期越來越近，但我用我僅有的能力——露絲的魔法——去對抗它。

我在一個星期六的早晨向露絲道別。她擁抱我久久不放。

「我以你為榮，詹姆斯。」

「謝謝，露絲，」我說，「謝謝妳教我的一切。」

道別的場面很尷尬。感覺上似乎應該更莊重才是，但尼爾要招呼顧客，只對我揮揮手。露絲說她要在店裡等尼爾關了店門後送她去機場。只好如此。我騎上單車回家。

聽到敲門聲時我正在房間內。我嚇一跳。我正在想露絲要離開的事。敲門聲又再度響起，聽起來似乎氣憤且不肯罷休。我開始覺得反胃，一顆心在胸腔內怦怦跳，整個人幾乎無法動彈。敲門聲又開始了，我知道我母親在床上，我父親和我哥哥都不在家，我必須去應門，除了我之外沒別人了。

我從廚房窗戶望出去，以為會看見副警長的巡邏車停在外面，而副警長站在門口，結果不是，站在門外的是個男的，一位穿西裝的男士。我把門打開，他看看我，問我父親在不在家。

「他不在。」我說。

「請轉告令尊我很抱歉沒能及時付給他工資，請將這個信封交給他，並謝謝他的耐心。」

他將信封交給我之後便轉身離去。我把門關上，看看手上的信封，上面寫了一個姓名和地址。我將信封翻過來，它沒有彌封，因此我掀開封口，發現裡面是鈔票，很多鈔票。

我衝進房間將它交給母親，她打開信封，緩緩數錢，這些錢不但夠我們繳末來三個月的房租，還能繳清帳單和購買食物。

我不敢相信，魔法靈驗了，真的靈驗了。

「我必須出去一趟！」我對母親說。

我騎上腳踏車盡快趕到魔術商店，露絲和尼爾正好走出來。

「露絲！露絲！」我大叫。

她和尼爾在人行道上停下來。

「我很高興你回來了，」尼爾說，「我本來要送你這個。」他給我一個商店的袋子，「雖然我媽不在這裡，你還是可以過來，任何時候都歡迎。」

我道謝，然後他走向他的車等候露絲。

我凝視她的雙眼，「它真的靈驗了，」我說，我的眼中湧出淚水，「那個魔法，它是真的。」

我仍騎坐在腳踏車上，她用雙手摟著我的肩膀擁抱我。「我知道，詹姆斯，我知道。」然後她放開我走向車子，但又停下來。「現在你明白了，不是嗎？你內在的力量？你準備好要學習，而我有幸能教你。我們都有那個內在的能力，我們只是需要學習如何利用它。但千萬記住，我教你的魔法具有強大的力量，良善的力量，但如果是落在一個沒有準備好的人手中，它也可能傷害人並帶來痛苦。而且要記住，詹姆斯，是你的思想創造你的現實，如果你不自己創造就會變成由別人來創造你的現實。」

我目送她離開。我想我明白她在最後一刻所說的話，但理解得不夠深刻，還不是真的了解，我要等到多年以後才真正了解，但在那之前，我必須先體驗露絲所說的這樣的能力落在一個沒有準備好的人手中時，會有什麼情況發生，而我就是那個人。

我打開尼爾給我的袋子，裡面有一個塑膠拇指和幾盒不同記號的紙牌。

我想了一下尼爾，收起袋子。我真的喜歡他的魔術，但它比不上露絲教我的魔法。我有更好的東西，威力更強的東西，我要去得到我想要的，而且我知道有一種東西我不想要，就是貧窮，或被那些自以為比我強的人輕視，只因為他們有錢，住豪宅，開好車，有好的工作。我要擁有一切，沒有人會輕視我，我要成為一個醫師，一個人人敬重的人。我要擁有一百萬元，我要有權勢，功成名就。我知道如何去做，露絲已經教我，這個魔法比我曾經幻想的更偉大，而且它一直都存在我的體內，我只是不知道而已。我會訓練我的心，我會練習，我會更用功讀書，更努力——任何需要我都會去做。我知道我辦得到。

我們沒有被勒令搬家，這是我需要的證據。露絲的魔法是真實的，而且威力強大。我把清單上的第一個願望劃掉，並知道我也會把其他項目一一劃掉。

✦ ✦ ✦

我討厭蘭開斯特。當然，這是因為我的家庭狀況使我對這個地方產生厭惡，但如果不是蘭開斯特，我不會學到能使我獲得成功的魔法。我很感激那個時候我在那個地方，並遇見對的人。這個人以她的魔法改變了我的大腦。

遇見露絲之前，我的現狀充滿失落感，覺得命運不公，有些人幸運，有些人不幸。我看不出我有一天能成為重要人物，或逃離我父母居住的狹隘悲慘的世界的可能性。認識露絲之後，我看到不一樣的世界，我看到不一樣的自己。我相信有一個充滿無限可能的世界，我可以創造我的夢想，這個信念給了我一種力量與目標感。基本上，我們都有能力學習這個魔法。我已將它融入我的心靈力量，我準備施展這種力量，任何人或任何事都不能阻止我。

露絲的魔法第四招

確立目標

1. 找一個安靜的室內坐下，閉上眼睛。
2. 想一個目標或你希望達成的願望。這個願景的細節是否完全成形都沒有關係，重要的是這個目標或願景不會傷害到他人，或是不良的意圖。這個方法雖然能幫助你達成目標，但如果立意不善，最終將會為你自己帶來痛苦與折磨，使你不快樂。
3. 徹底放鬆全身（露絲的魔法第一招）。
4. 身體放鬆之後，將注意力集中在你的呼吸上，盡量摒除所有雜念。
5. 一旦生起雜念，將注意力又導回你的呼吸。
6. 繼續專注呼吸，完全清除雜念。
7. 現在觀想你的目標或願望，看到自己實現它。觀想時一面緩緩吸氣、吐氣。
8. 感受你達成目標或實現願望的正面情緒，體驗自己使一個意念成為事實的美好感覺。以這種正面的感覺觀想你自己達成目標。

9. 一旦看到你已達成目標並產生正面的感覺後，這時再開始細微的觀想。你用什麼方式看到？你在什麼地方？他人對你的反應如何？盡量將影像觀察得更詳細。

10. 每天重複練習一至兩次，或更多，每次觀想十至三十分鐘。每一次開始時都先觀想你的目標已經達成，體會那種喜悅的感覺，然後一次比一次觀想得更入微。剛開始時影像會比較模糊，但你練習得越多，影像就會越清晰。

11. 每次練習時，你會發現當你的目標在你的潛意識心態中越來越清楚時，你觀想的影像就會越清晰。你也許會對你的發現和你如何達成目標感到驚訝，但重要的是目標，不是如何達成。

有明確的目標，願景才能實現。

※你可以造訪intothemagicshop.com網站，聆聽語音版練習。

大腦的奧秘

6 專心致志

假如我的一生是一部電視影片——也許像美國廣播電視公司在一九七〇年代製作的青少年影集《Afterschool Specials》之一——那麼，在露絲的魔法使我們沒有被勒令強制搬家後，我的人生應該有巨大的改變才對。我的父親會戒酒，我的母親會永遠脫離抑鬱的陰影，錢財會神奇地陸續出現在我家門口，我們一家人會像電視影集中的核心家庭般從此過著幸福快樂的日子。電視影集《妙家庭》（The Brady Bunch）也不會比多堤家更強了。

但露絲的魔法不是這樣。在現實生活中沒有瓶中精靈出現送我三個願望。我的家庭沒有奇蹟似地轉變；我的父親依然酗酒；我的母親依然逃避現實，與憂鬱症和精神異常長期奮戰。是的，我得到魔法，但那要靠我自己去修持，去圓滿它，並持續相信以前不可能的現在可能。我可以努力為我自己創造新的現實，但我不能改變我愛的人，無論我有多麼強烈的意願。他們必須選擇改變他們的現實，但它沒有發生。這或許是身為孩童最痛苦的一件事。我們的生命仰賴他人，自己沒有能力控制。而他人的選擇往往對孩童帶來深刻的傷害，留下永難磨滅的疤痕。

我也許無法改變任何人的現實，但我知道我可以改變自己的現實。我知道我的清單上的每一個願望都會實現。露絲回去之後，我很快就把它背得滾瓜爛熟，將它連同卡內基的書和尼爾送我的魔術道具，一起收藏在我的寶盒內。我也把露絲教我的一切都寫在一個小筆記本上，放進寶盒。

我每天早晚練習，一天又一天，一個星期又一個星期，一個月又一個月，如同運動員藉著在他們的腦中反覆思考如何表現——完美的跳投、一球進洞、一棒擊出高飛全壘打——來改變他們的生理，在腦部建構神經迴路模式，使他們的肌肉以新的方式運作一樣，我也利用想像在我的腦中建構新的腦神經迴路。大腦不會分辨強力的想像經驗與實際經驗。我早在申請大學或醫學院之前就在訓練我的心智將來要成為醫師——方法僅僅是幻想自己成為一個醫師。大腦的另一個奧秘是它會先選擇它熟悉的，不會先選擇不熟悉的。藉著幻想未來的成就，我使我的大腦熟悉這個成就。目標是個有趣的東西，大腦設定什麼目標，它就看到什麼。你有沒有這種經驗？當你想到要買某種車時，忽然間你走到哪裡都會看到這種車？是你的**目標**使這種車神奇地出現，還是你的大腦集中**注意力**，終於使你不時看到它出現在你面前？

新時代最具代表性的一個簡單概念要算「心想事成」了，它是一種有益的想法，也是神經科學與大腦可塑性的一個強有力的例子。注意力是一種威力強大的東西，它能改變我們的大腦，使腦中幫助我們學習、表現，以及使我們的夢想成真那一區的灰質增加。露絲教我要注意對生命的期待，我期待過貧窮生活嗎？只因為我靠政府救濟金生活，生長在一個酗酒的家庭，我就預期我的生命微不足道嗎？只因為我出身寒微，我就預期我的生命沒有偉大的價值嗎？

露絲教我要把注意力和目標從我是一個來自疏於照顧的家庭的貧窮孩子，轉移到我心中最渴盼的願望：**財富、勞力士金錶、成就、保時捷跑車、醫師**。這些是新的熟悉的東西——我深深烙印在我的細胞與前額葉皮質神經突觸的意象。大腦的前額葉皮質控制我們的執行功能——策劃、解決問題、判斷、推理、記憶、作決定。它幫助我們調整我們的情緒反應，克服壞習慣、作智慧的選擇，是我們的大腦讓我們思考自己的思路——露絲已開始教我做的事——的地方。它同時也是我們學習同理心和與他人建立關係的地方。露絲教我如何心想事成的方法，我則將我的注意力完全集中在實現我夢想的未來。我當時並不知道怎樣才能使我進入大學和醫學院——事實上，我對整個過程完全不了解。但立定目標本身就是一種魔力，自從那年暑假去了魔術商店後，宇宙所有的一切似乎都在引導我去我必須去的地方。

當然，當我仍在奮力完成中學學業之際，宇宙還不知道在哪裡。現在回想起來，也許我應該先將我的目標設定在完成中學學業，並且一次只專心做一件事，而不是聚焦在當我終於成為某個人時會是怎樣的人生。

✦✦✦

我的中學生活是在一片混沌的情況下度過的。有些科目我的成績很好，但其他科目都只是勉強及格。我完全不知道我要如何進入大學或醫學院，甚至不知道如何請求協助或指導。後來我才明白，只要你開口，有許多人是願意幫助你的，但我當時的感覺是孤單的，不知道如何開口去問，甚至不知道該問什麼。孩提時代如果沒有良師益友可以給你提供意見或引導，對日後一生的成就會有很大的影響。如果你不知道你就不會去做。我讀高中時很喜歡運動，高一時加入橄欖球、籃球與棒球隊，但我很快發現參加校園運動不但要有錢，而且家長必須積極參與，但我沒有這樣的條件。當你沒有交通工具可以接送你去練球時你很難加入球隊，或者當你必須留在家中照顧你的母親，或必須在星期五晚上去一家家酒吧尋找你的父親時，你也無法參加球賽。我喜歡那種屬於某個球隊的歸屬感——穿上制服後大家都一樣，並且有共同的目標。我在中學時代一直都沒有自己專屬的編號球衣，雖然我很渴望擁有。因此，我在高二時便拿出我的願望清單再增添一項：進大學後有自己專屬的編號球衣——擁有一件夾克！

知道我有一張願望清單，這有助於我在面對生活中諸多失望與不公時能處之泰然。每天晚上練習放鬆身體與調和心性，則有助於減輕學校與家庭帶來的焦慮。我為存在心中的未來而活，它遠比我們居住的窄小陰暗、瀰漫陳年霉味與菸味的小公寓舒服得多。除非練習露絲的魔法或睡覺，否則我盡可能不待在家裡。

就是這種盡量遠離家庭的心態使我申請加入體驗警察生活的「執法探索」（Law Enforcement Exploring）計畫。要成為執法探索童軍必須年滿十五歲，學業成績平均（GPA）至少2.0以上，並且要操行良好。這項培訓計畫為期十二週，每個星期六上課。我們乘坐巴士前往洛杉磯的警察學院學習如何執法，在八小時的課堂中，我們學習社區維安、刑事程序、自衛及槍枝安全，並接受體能訓練。所有學員一律穿卡其襯衫與軍綠色長褲。它與參加球隊完全不同，但我仍然可以穿上制服，成為比我更大的團隊的一員。我也很高興星期六有地方可去。結業之後，我們就是正式的探索員，可以在地方上的警察分局參與不同角色，和警官一起工作，也許有一天會開車在社區內巡邏或接聽電話，有時也會在各種公共場合負責維持群眾秩序，如遊行、中學球賽，以及一年一度的國慶煙火秀。或者，也可能被派去監獄，協助警官處理與登記被逮捕的人犯。

一個星期六晚上，我被派去蘭開斯特警察局的登記室，因為要協助監獄管理員，所以他們給我一支鑰匙。我得意地將鑰匙掛在褲腰上，等待員警將大批追緝在案的犯罪頭頭帶回來。我幻想囚室內關滿人犯，而我在囚室外，握著掌管他們命運的鑰匙，有了那支非比尋常的鑰匙，我就是個大權在握的人，但那天晚上大部分時間都沒有半個人出現來見證我的榮耀。

我將許多文件和報告一一歸檔，又從販賣機買了幾罐可樂喝下肚，坐在那裡想這種執法方式還真無聊。就在我的輪值時間即將結束時，我聽見一輛巡邏警車開到登記室外停下來，一位巡警帶著一個衣衫凌亂、戴著手銬的人走進來。我看不見他的臉，他顯然已喝得爛醉，口齒不清。我感覺一顆心開始狂跳，終於來了，我很快就要把這個人犯關進囚室了。巡警帶著人犯從我旁邊經過，他的肩膀往前拱，我仍然無法看到他的臉，但他走路時舉步踉蹌、搖搖晃晃。我拿出我的鑰匙，明白等他們蓋好指印，登記完畢，我就要把他關進去了。犯人坐在辦公桌旁，抬起頭，一眼看到我。

那是我的父親。他的表情茫然、憤怒，而且醉得迷迷糊糊。我立刻感到我的胃抽緊了，便迅速轉身背對他走向檔案櫃。我感到羞愧。為了申請成為副探索員，我寫了一大篇文章說明我的品德高尚，現在他們會怎麼看我？我以含糊方式回答有關家庭的問題，說服自己警察不會知道我家很窮，不會知道我父親是個粗暴的酒徒，曾有多次入獄的紀錄。我加入探索隊的部分原因是為了證明我和我的家人不一樣。

我打開檔案櫃抽屜，望著裡面成排的檔案發呆，真希望我能用那支鑰匙把自己和這個地方隔離開來。為什麼我走到任何地方都無法逃避我是誰和我來自何處？

我感覺一隻手放在我的肩膀上，抬頭發現我的督導站在旁邊。

「我很抱歉發生這種事。」他說。

我這才明白，他一定早就知道我父親是誰。我立刻面紅耳赤，一直低著頭。我不會哭，但我不知道該怎麼辦，我真的要把我自己的父親關起來嗎？

「我和帶他來的警官談過了，我們不會起訴他，我們會等他清醒後再送他回去。」

我點頭，喃喃說：「謝謝。」

我真想立刻消失，但我的督導仍然站在旁邊，一隻手在我的肩膀上。

「詹姆斯。」他平靜地說。

我抬頭看向他，以為會看到批判的眼神，或甚至更糟，看到憐憫的眼光。但兩者都沒有。我立刻想到露絲曾經告訴過我，一個東西破損殘缺並不表示所有的一切都破損殘缺。我一直以為別人會因為我的父親、因為我的貧窮、因為我什麼都沒有而評斷我，但從那位巡警的手擱在我肩上的感覺，我看到他的眼睛充滿慈祥，我明白這完全是我自己以這種眼光看待自己。我很貧窮，我的父親是酒徒，但我不是破損殘缺的，所有的一切也不會因為某個東西破損了而變得殘缺。我不一定要破損殘缺。

「是，警官？」我對那位巡警說。

「你想先回去，還是繼續值班？」

「我要繼續值班。」這句話一出口，我便明白這是真的。我的父親有他的人生，我有我的人生。

巡警再度望著我說：「你知道，詹姆斯，我的父親也是個酒徒，我能體會你的感受。」我感覺他在我肩上捏了一下後便轉身走出去。

✦✦✦

如果觀察那些在酗酒家庭長大的成年人，你會發現有兩個共通的結果——要嘛受內心創傷與基因的影響，他們自己也吸毒或酗酒；要嘛決心擺脫他們原生家庭的影響，決心脫離那個環境而成為傑出人士。我屬於後者。這是我加入「執法探索」的原因之一。我喜歡那種隸屬一個德行高尚的菁英團體的名聲，但我不確定我是想讓他人信服，或只是想讓自己信服。以我父親被捕的事例看來，我顯然無法避免這兩個截然不同的情境偶爾發生衝突。另外有一次是在耶誕節假期，我被派去協助包裝與分配食物給貧戶。我們在大籐籃內裝滿南瓜罐頭、白麵包、地瓜，當然還有一隻大火雞。在耶誕節前幾天，隊員到處分發食物籃。

我沒有被派去分發食物籃，但我喜歡聽他們講故事，訴說他們敲開門後住戶接到禮物的驚喜，有時他們會感動得哭了。我還聽過一個隊員說：「你會覺得他們從沒見過火雞。」

我在幫忙包裝食物籃時心情很愉快，那是一種歡喜的感覺，可以連著維持幾天甚至幾個星期，和我練習露絲教我的靜心技巧時的感覺一樣。露絲那幾招魔法已成為我日常生活的一部分，我沒有告訴任何人，但我每天早晚都會放鬆我的身體，平靜我的心，觀想我這一生想要得到的東西和我想成為什麼樣的人。我沒有打開我的心，這一招對我來說很難，因為我多少將我的處境內化為我的錯，所以很難把愛送給我自己。同時我也覺得把愛和慈悲無條件送給自己和他人讓我感到不舒服，尤其是送給那些輕視我或漠視我、欺負我的人。

當我看到巡警雙手捧著大籐籃走到我家門前時我驚慌失措。我躲到窗簾後，讓我母親去開門。我有感覺那一年我家可能會被列入分發名單，但我不想成為一個需要食物籃的人。我看著母親打開我在前幾天協助包裝的食物籃，它提醒我我家是貧戶。我不想依賴別人，但沒有那個食物籃，耶誕節晚餐就沒有火雞吃。我的家人都不知道我曾協助包裝這個禮物。那種感覺很好，不僅因為我曾包裝這個食物籃，而且看見母親和父親都很高興，提醒了我那些食物籃的意義是多麼深重。一種行為要同時具備善意與寬宏大量是罕見的。那年的耶誕節，我同時體會到施與受的喜悅。那是一種強烈的衝擊，但當時我並不知道這兩種體會將會影響我往後的人生。

整個高中時期，從十四歲到十七歲，我一直沒有離開探索計畫。它讓我有生活目標和歸屬感，這兩樣東西，加上我每天修習露絲的魔法，在我內心產生一種極微妙的魔力，我發現我不再那麼喜歡懷抱恐懼、焦慮、憂愁的情緒。我越來越能觀察我的想法和情緒，而不對它們起情緒性的反應。我不很明確知道我會成為什麼樣的人，但我知道我不再是過去那個小孩。我的家人只是我的家人，不是一個每天讓我感到疼痛的創傷。我也明確知道我不是我的父親、我的母親、我的哥哥或我的姐姐。我是我。他們的行為不是我的行為。我的哥哥和姐姐都有他們自己的掙扎和他們的命運。我的姐姐大我九歲，沒有念完中學，年紀輕輕就結婚搬出去，日子過得很辛苦。她在二〇一一年死於慢性免疫功能異常與過度肥胖引發的健康併發症。我的哥哥天資聰穎，但因生在一個不能接受同性相戀的時代與地方而飽受痛苦。他在這種性向差異還沒有被定名或廣為人知的時代，就常因與眾不同而遭到欺侮。我讀中學時他離開了蘭開斯特。高中最後那兩年我格外感到孤單，但我以後會離開蘭開斯特，不會繼續在那裡生活。我的未來不是黯淡無光與索然無味，而是每天晚上在我的心中上演鮮麗多彩的影像。我對露絲教我的東西深具信心，並絕對相信我很快就能看到我的未來。

升上高三後，我知道我必須開始考慮上大學的事，但又不知從何下手。我的父母鼓勵我，但因我說我要上大學，他們便假設這是早晚的事。我的升學輔導員連問都不問，在我們短暫的面談中，他說假如我想要的話，他可以給我技術學校的相關資料。我甚至不知道有升學輔導員這回事，直到我接獲通知已定好諮商時間。雖然我有些科目成績不錯，但學業總成績平平。我不是真的了解拿好成績的必要性。對我來說，學校是一個不得不去的地方。我一方面想要有好的表現，另一方面卻沒有人可以為我示範如何準備功課，如何在學校取得好成績。我的家人無法協助我做功課或告訴我應該怎麼做。我的母親鼓勵我好好表現，但我不懂該如何表現。我不認識任何讀過大學的人，當然也沒錢付大學學費。而且我不知道如何申請學校。然而，我仍天真地深信明年我會離家去讀大學。

在我和升學輔導員短暫面談之後，我才開始思考可以找誰請教申請學校的事。我坐在科學教室等著上一堂熱力學三大定律時，發現坐在我隔壁的一個漂亮女生正在填寫一疊表格。

「妳在做什麼？」我問，「那是什麼？」我還以為我錯過什麼科學測驗。

她抬頭，「我在填寫我的大學申請表。」

我點頭，彷彿我知道那是怎麼回事。「妳要去哪裡？」我歪著頭，但看不到她表格上的學校名稱。

「加州大學爾灣分校。」她說。

「真的？」我不確定爾灣的地理位置，只知道在洛杉磯南部。

她輕笑說：「我希望去那裡，入學申請的截止日期是下星期五，我一定來不及。」說完，她兩手往表格上一攤。

我沒答腔，心裡飛快地轉動念頭。截止日期？我完全不知道還有截止日期，我也不知道入學申請有沒有用，內心頓時產生疑問，那我還來得及申請入學嗎？

「你要去哪裡？」她問。

我想了一下，考慮要如何回答。「我也要去加州大學爾灣分校。」我不知道為什麼會說出這句話，但那一剎那，那是我的首選學校。我對加州大學爾灣分校一無所知，但比起其他任何大學，我對它還算多知道一點點。我知道我必須讀大學才能成為醫師，但沒有人告訴我申請學校必須填許多表格，而且還有截止日期。

她看看我，說：「我想你一定填好表格了？」

我望著她片刻後撒謊，「哦，沒有……我沒有收到申請表，我以為下個月才會寄來，我還在等待。」

這時，彷彿魔術師似的，她忽然拿出另一份表格，說道：「嘿，你運氣好，我這裡有多一份申請表，你要嗎？」

「要，謝了。」我從她手上接過申請表，回家當天晚上便開始填寫，這才知道我必須去申請我的學校成績單、推薦函，以及我父母的納稅申報單。接下來三天我東奔西跑，忙著準備所有資料。我填寫表格申請助學金，希望它足夠付學費。這段期間，我才真正仔細看我的學業分數和測驗成績，以及入學許可所需的平均分數和測驗成績。我一定進不去。我在想什麼？我明白露絲的魔法也幫不上忙，何況，我連申請費都拿不出來。但我還是把申請表寄出去了。回家後，我坐在床上想到露絲，她教我的那些東西真的有用嗎？那天晚上，以及接下來的每一天，我都坐在床上觀想我接到錄取通知。加州大學爾灣分校是我唯一申請入學的大學，但幾個月過去了，卻半點消息也沒有。那段時間，我們連續搬了兩次家，當加州大學爾灣分校那封厚厚的信終於抵達時，信封上已蓋了好幾個輾轉投遞的郵戳。我把信拿到房間內，坐在床上，先緩緩吸氣、吐氣。我知道露絲說的話不會錯。

我每天專心致志「修練」已有多年，並且申請了大學入學許可。我凝視著手上的白色大信封，看到自己將來有一天將穿上白袍。這個入學計畫的下一步就是讓我成為醫師，當我撕開信封時，我對即將看到的結果絲毫沒有懷疑。

恭喜你已獲得加州大學爾灣分校入學許可……

我的未來降臨了。是的，它不得不被郵局輾轉投遞，經過幾處破舊的小公寓，但我的未來終究趕上來找到我了。

「謝謝妳，露絲。」我喃喃地說，「再見，蘭開斯特。」

我得到大學入學許可了。意想不到的是，我逐漸用功讀書爭取好成績的結果，竟得到一點獎學金和足夠繳交學費、吃住生活費的學生補助。

我自由了。

我依舊持續觀想我的人生願望。我透過心靈之窗凝視它，大部分時候它是模糊不清的，但我相信只要我有絕對的信心，當時機成熟時，它就會變成清澈透明。我已知道實現的過程不一定是線性的發展，也不一定會按照我所期待或合理的時間表實現，但無論我想像什麼，它通常都會實現，假如它沒有清晰顯現，一定有它的原因。十年下來，我已知道對結果有信心不等於一定會有結果；我也知道它的困難點是你必須謹慎設定你想實現的願望；我還知道一個人的企圖心具有龐大的力量。

我始終不相信會有一個強大的**最高存有**在決定誰有價值、誰沒有價值，而給予相對的願望與禮物。我在世間看過太多不合常理的現象，一個善良傑出的人驟然遭逢痛苦而死，許多壞人甚至邪惡的人卻春風得意。但我相信我們每一個人都有能力轉化內在的能量，使它發揮強大的影響力。我們每一個人都能改變我們的大腦、我們的覺知、我們的反應，甚至我們的命運。這是我從露絲的魔法中學來的。我們可以利用我們的智能和心力去創造我們想要的一切。它仍然需要勤奮工作，它仍然需要不斷的努力和立定目標。我並不是吞下一顆魔藥後就立刻變成神經外科醫師，但我年輕時就學會我可以選擇如何運用我的心和如何回應在我周遭發生的一切；長大後，我又學會如何用心去感動周遭的人。我不認為有一種物理定律能恰如其分地解釋你心、智並用時所產生的力量與影響力，但我始終記得我拿到大學入學申請表當天在科學教室上課時，老師叫我們一定要背下來的熱力學第一定律。

能量可以不生不滅，但能量可以改變形態，而且能量可以流動，從一方流到另一方。這是我們每一個人都具有的天賦能力。

宇宙的能量就在我們的心中。這個宇宙塵造就我們每一個人，包括所有的創造力，所有的影響力，所有美麗、單純、一致的力量。能量可以從一個地方流動到另一個地方，也可以從一個人傳遞給另一個人。露絲教我第一堂課，生命卻教我後續的課程。我花了許多年去證明我在魔術商店所學的是真實的，但最後得到的卻是一個簡單而奧妙的事實。我們可以研究大腦的每一個奧秘，但它最大的奧秘是它的轉化與改變的能力。

有時我但願我在十二歲那年做過一次腦部掃描，十八歲再做一次，然後在我的大腦每一次不得不領會一生中經歷的每一個鐵的事實之後，再做一次掃描。我是在大腦改變之後讀大學的，求學期間證明露絲教我的全神貫注的禪修技巧能增強集中注意力、記憶、研究複雜觀念的能力。假如沒有遇到露絲，我會去讀大學和醫學院嗎？也許不會。假如我沒有在不知情的情況下讓我的大腦作好準備去迎接後來長達十二年的寒窗苦讀，我會成功嗎？很可能不會。

當我們的大腦改變時，我們就會改變，這是經過科學證明的事實。但更重要的一個事實是，當我們的心改變時，所有的一切都會改變。改變的不只是我們如何看這個世界、世界看我們的眼光，世界對我們的回應也會因此改變。

7 不能接受

腦幹位於大腦皮質底下、小腦的前方，如果你把大腦皮質想像成一個舉世聞名的巡迴演唱會搖滾巨星，那麼小腦就是藝術總監，擘劃皮質的一舉一動；腦幹則是樂團經理，負責協調所有必要的訊息，確保巡迴演唱順利進行，並滿足搖滾巨星所需的一切。腦幹比大腦皮質小很多，卻掌管身體運作的所有功能。它還是一個交通要道，負責傳遞大腦與身體往來數以百萬計不可或缺的訊息。

大腦開始形成大約是在受孕三週以後，此時神經管閉合，中樞神經系統最先形成的神經突觸使胚胎開始活動。接著腦幹發展完成並協調心跳、呼吸、血壓等重要的維生功能——建構胎兒離開子宮後的生存潛能。大腦較高區——邊緣系統和大腦皮質區——一出生就有了，但隨著經驗、時間與環境而逐漸塑造完成。大腦較高等區透過經驗塑造與發展的過程永不停止——大腦不會退休——每一個經驗都很重要。

諾雅因頭痛、噁心、嘔吐被送進急診室。她有丈夫和兩個孩子——一個四歲的女兒和一個六歲的兒子。夫妻倆都才三十歲出頭，諾雅還懷有八個月的身孕。頭痛和嘔吐有可能是正常的懷孕症狀，但在懷孕後期突然發作又伴隨高血壓，顯示有可能是妊娠毒血症，對胎兒與母親都有危險。那天早晨我剛好在醫院待命，這家人進醫院時我正在查房。婦產科醫師已接獲通知但尚未抵達醫院，但諾雅已突然昏倒在急診室，並且不省人事。

等我趕到時，她已被插管並送進去做腦部電腦斷層掃描。掃描期間她的重要生命跡象紊亂，血壓很不穩定。我從掃描圖示發現，她的腦幹部位幾乎完全被血液遮蔽。諾雅正持續大量腦溢血——腦實質出血——一般是無法恢復的。我們立即在電腦掃描室進行復甦急救，但我認為希望渺茫。我看不到腦幹反射跡象——腦幹功能正常時的不自主運動——她的瞳孔固定而且放大，沒有任何反應。

諾雅的身體仍活著，但她的腦死了。

我立刻下令用藥維持她的血壓，並通知手術室準備進行手術。

「立即呼叫產科醫師，」我對護士大聲說，「嬰兒必須立即引產，否則會胎死腹中。」

我跟著輪床一起奔向手術室，一面在心裡祈禱產科醫師快點抵達。手術小組迅速準備緊急剖腹產。我們將她推進手術室，小兒科醫師已經到場，但不見產科醫師。諾雅的血壓快速下降，心跳更不規則。一時大家都望著我，時間緊迫。我最後一次在婦產科當實習醫師迄今已有二十年，但手術室此時沒有其他外科醫師，除非我立即開刀，否則這個胎兒一定會死亡。我必須進行緊急剖腹產將胎兒取出。

我沒有時間預備，也不能再多作猶豫。諾雅已腦死，我知道我們無法繼續維持她的血壓太久。

我們將她移到手術臺，麻醉醫師迅速為她麻醉，我快速準備為她動手術。我再看看四周，祈禱產科醫師走進來。此時心電圖機忽然顯示她的心跳極不規則，麻醉醫師看著我說：「她的血壓在往下掉，我們已經用了最大藥量，你必須動手了。」我可以感覺到我的額頭在冒汗，明白我的呼吸急促，我在害怕。於是我閉上眼睛，開始緩緩呼吸，吸氣、吐氣，吸氣、吐氣。我回到了魔術商店。我拿起一把手術刀，劃開諾雅的腹部，接著劃開她的子宮，伸手從她體內拉出嬰兒。嬰兒的額頭上有一道細細的傷口，是我切開諾雅的子宮時劃傷的，但除此之外他仍活著，而且很健康。我將他交給小兒科醫師，剪斷並鉗住他的臍帶，然後縫合諾雅的腹部。

就在她的男嬰出生後幾秒鐘，她的心跳停止了。

醫學院教育沒有教你如何告知一個丈夫和兩個年幼的孩子他們的妻子和母親已經去世。身為人，你不可能不對病患親屬的哀痛感同身受。一波又一波的哀傷、憤怒、否認與失望。這是為什麼許多醫師只能說：「我盡力了，我很遺憾。」然後立即離開，讓醫院的傳道士或其他員工去收拾殘局。你不可能若無其事地告訴一個丈夫他的妻子已經去世。**遺憾**不能撫平一個孩子無法理解這個可怕的日子意味著他的母親將永遠無法再為他做花生醬三明治，或為他朗讀故事，或在他跌倒時摟著他、親吻他的傷痛。

我將諾雅的丈夫帶到一旁，告訴他這個不幸的消息。他閉上眼睛，抱著我發出痛苦與失望的哀號。我除了攬著他任由他痛哭外無能為力。兩個孩子看到他們的父親痛哭也跟著哭。我盡量讓這一家人宣洩他們的哀傷，並嘗試告訴諾雅的丈夫有關嬰兒的事，但他的心完全沉浸在失去妻子的悲痛現實中，聽不進任何一句話。

我陪著他們坐在那裡時，發現我的手術衣上濺到幾滴血。這是諾雅的血嗎？還是嬰兒額頭上的血？是又怎樣？當你在為一個人去世而哀傷時，你很難為一個新生命的降臨而歡喜，但人的一生不就是這麼回事？我們生，我們死，生、死之間發生的一切都能讓我們感受到世事的偶然與不合常理。我們唯一的選擇是如何回應我們得到的每一個珍貴的時刻，現在這一刻只有痛苦，而我的選擇是要嘛安慰他們、與他們同悲，要嘛走開。

我選擇留下來陪他們，但我不知道要陪多久，只知道我要盡量陪他們。諾雅的大腦死了，那些我們視為理所當然的功能也都停止了，但她兒子的大腦才正要開始體驗這個現實世界，這又再一次顯現世事的偶然性與不合常理。我們都是由我們的經驗和我們的環境塑造而成的，我希望這一家人能從這樁悲劇中恢復，這個嬰兒不至於因為他的生與他母親的死而承受無形的創傷。

這不是我成為外科醫師後遇到的第一起死亡事件，也不會是最後一次。它也不是我第一次身上帶著血跡離開一家人。

第一次發生這種事時我正要離家讀大學，而我離開的正是我的家人。

我的父母對於加州大學爾灣分校通知我被錄取的消息既興奮又不敢置信。我一直在說我要讀大學，但我想他們並沒有把我的心願和我接到入學許可與即將離開家的事實聯想在一起。但是當我要離家的日子越來越近時，我的父親卻失蹤了。每當遇到壓力或重大事件即將發生，我的父親無法面對它時，他就會選擇以他的方式逃避他的恐懼與焦慮：威士忌。離家上大學的前一天晚上，我既興奮又緊張地在我們的小公寓內踱步。我的所有物品都已裝入一個大旅行袋，就寢前便打點好，準備第二天一早便要逃離這個地方。我甚至把去爾灣要穿的衣服都穿在身上睡覺，這樣明天早晨就不必再整理行李或遺漏任何東西。我沒有感傷也沒有懷舊，我已準備好要離去。這時我的父親已有將近一個星期不見人影，雖然他早已知道我要搭乘巴士去爾灣的日期，我卻沒有把握能在離開前見到他一面。

我告訴自己我不在乎。但其實我很在意。儘管我的父親一事無成，我依然愛他。當他清醒時，他是個風趣、聰明又親切的人。他是我的父親。

大約在凌晨三點左右，我聽見大呼小叫與用力敲門的聲音，然後是更大聲的叫嚷。我的父親在門口，從那些聲音聽起來他已經相當醉了，而且被鎖在門外。

我的母親穿著睡袍從她房間跌跌撞撞走出來，一臉驚慌。她沒有去開門，我發現她瞪大了眼睛驚恐地望著前門。她雙手掩住耳朵，身子不停地顫抖。我們爭論著要不要報警。

門外的怒吼越來越大聲，我知道很快就會有人報警。再過幾個小時我就要去趕巴士了，我不想因為警察逮捕我的父親，我為了與他們周旋而耽誤我的班車。就在我跨出一步準備去開門時，我的父親正好用力一踹，廉價的夾板門幾乎被踹成兩半。我看見他從破洞中伸手進來轉動門把。

他走進門，嚷得更大聲。

「媽的——不准你們再把我鎖在門外！」他大吼，兩眼直視著我。他的臉部肌肉扭曲，眼神深沉而狂野。我的母親嚇得往牆角移動，這一動引起他的注意。

「妳為什麼不開門？」他對著她走過去，她立即後退，背脊抵住牆壁。我沒見過父親如此盛怒，平時他喝醉最多不省人事，從來不會有暴力舉動。

「不要再靠近。」我聽到自己說。我不知道他是否聽到這句話，仍繼續朝母親的方向過去。母親穿著一件過大的睡袍，看起來就像一隻驚弓之鳥。在此之前我從未頂撞過父親。我與母親早已有共識，接受他的行為和他的酗酒，但這一次我再也不能接受了。

我站到他們兩人中間，提高音量吸引他的注意。**「你如果再靠近一步，我就揍你。我會，我真的會。」**

他不理會我，又對著我的母親跨出一步。我感覺我像在做慢動作或在水中行走似地走向前，舉起我的手臂，朝他的鼻子揮出一拳。我聽見並且感覺到骨頭斷裂的聲音，然後他倒下去，重重的，像一棵樹。

我的母親尖叫。我看到他面朝下倒在地上，鮮血迸出濺了一地。我可以聞到酒精夾雜著一種強烈的、黃銅般的金屬氣味，我知道那是鮮血的氣味。

很多很多血。

膽汁湧上我的喉嚨，一陣強烈的噁心，我立刻衝進浴室嘔吐，幾乎來不及。我跪在馬桶前喃喃自語，說出不曾做過的祈禱。**幫助我**。我用我的袖子擦嘴，回到客廳。我的父親仍然面朝下躺在地上不動。我殺死他了嗎？我將他翻過來，他的臉上沾滿鮮血和鼻涕。我沒見過這麼多血。他的鼻子歪了，歪向他的左臉。**糟透了**，我不停地想，**真是糟透了**。

我聽見他微微呻吟，等他恢復意識時，我將他的頭枕在我的腿上。我甚至沒有發現我在哭，直到我看見一滴淚水落在他臉頰上一小塊凝結的血跡上。這一拳將他打醒了，他緩緩朝上看，用一種我從未見過的眼神打量我。他說：「沒關係，兒子，沒關係。」我的母親還在哭，但我擦乾淚水，那一刻，我知道父親和我之間的一切改變了。

這時候是清晨六點，我的巴士即將在七點三十分發車。母親在照料父親，他此刻已相當清醒，坐在椅子上喝咖啡，鼻孔內塞著棉花。他又看看我，然後垂下視線。母親不希望我錯過這班車，於是在這種尷尬的情況下，我和他們一一擁抱、親吻，然後走出那扇被踹開的前門，離開家去讀大學。當我走向朋友的車——載我去巴士站——時，我發現我的長褲前面濺到幾滴血，但已來不及回去換了，何況我的所有衣物都已收在旅行袋內。我不知道別人家的孩子第一次離家上大學時如何與家人道別，但我相信一定不是這樣。

我雖然拿到大學入學許可，但在全職工作的情況下，我的課業與學習狀況並不理想。我還加入賽艇隊——我下定決心得到一件屬於我的運動員夾克。一年又一年，我似乎比其他任何人更用功，但也只能拿到及格分數。進大學後的前幾年，我經常乘坐巴士往返爾灣與蘭開斯特，有時搭便車。我雖然很用功，但我不得不離開學校回去照顧我的母親、處理我父親的事，或協助他們解決危機的時間卻有增無減，等到要申請就讀醫學院時，我的學業平均成績不但只有2.5，看情況我甚至畢不了業。以一個醫學預科生而言，我的學業成績可以說慘不忍睹。當時醫學院入學許可的成績標準幾乎高達3.8。

但我內心深處仍覺得我會成為一個醫師。我穿醫師白袍的影像不是幻象，我感覺它是真實的，如同我在鏡中看到自己。我將那個影像繪製在我腦中幾乎有七年了，我無法接受它不能成真。但儘管我在心中認為它會實現，我發現我的幾個同學都幸災樂禍地提醒我，以我的分數我永遠進不了醫學院。不幸的是，許多人容許別人來決定他們能或不能。這是露絲給我的另一個禮物——相信自己的能力，並接受不是每一個人都希望我成功或有偉大的成就，以及如何坦然面對這個現實，不加以回應。

我在大學三年級結束時開始申請醫學院入學許可。我發現加州大學爾灣分校學生的申請入學流程包括先與醫學院預科委員會面談後，取得一封他們的推薦函。於是我按照程序去見醫學院預科委員會秘書，要求安排面談時間。

事隔二十五年，我至今仍可以在腦中清晰地看到她當時的表情。她找出我的檔案，簡單翻了一下，然後用輕蔑的眼光看我一眼後，繼續翻閱我的檔案。最後她闔上檔案說：「我不幫你安排面談時間，你不可能進醫學院，這樣只會浪費大家的時間。」

我站在那裡目瞪口呆。取得委員會的推薦函勢在必行，那是我申請醫學院必要的繁瑣步驟中的第一步，在那之後我還要填寫申請表，寫論文，然後期待能接到醫學院的面談邀請。我要跨越許多難關，我只希望得到一個跨越難關的機會。

我深呼吸。「謝謝妳的好意，但我希望面談。」

「我不能這樣做，你不合格。」她的手指上上下下敲著檔案。

我知道我比檔案呈現的資料好很多。那個檔案不是我。那個檔案沒有顯示我在繁重的課業之餘還必須每週工作二十五小時；它沒有顯示我必須經常離開學校去處理繁雜的家庭問題；它沒有顯示我每天早晨五點起床練習划船。它只有顯示一件事——我的學業總平均成績——如果這是取得推薦函的唯一標準，那麼秘書所說的話是真的，我進不了醫學院。但那個檔案不是我。

露絲教了我許多，我的不間斷修習也幫助我發現自己。她同時告訴我，絕對不要接受不能接受的事。我必須為自己爭取。我已克服許多障礙，不能讓這個委員會阻止我。我必須和他們談。

「我不能接受。」

「什麼？」

「除非安排我和委員會面談，否則我不離開。」我鎮定而且平靜地說，直視她的眼睛。

「我真的……不能那麼做。」她又說。

但我聽出她的話中有一絲猶豫，這給了我一點希望。「我知道我不合格，」我說，「我知道妳通常不會那麼做，但妳是可以這麼做的，我只需要一個機會。」

她又搖頭。

「我不想浪費妳的時間或委員會的時間，我也不想惹麻煩。只是，假如妳不為我安排面試時間，我是不會離開的。我不在乎等多久，我不能接受我注定失敗。我不接受。」

我的聲音沒有火氣，我相信她一定從我的話語中聽出我的決心與事實。她凝視我幾乎整整一分鐘。

「好吧，」她終於同意，「下星期二，下午三點。」

「謝謝妳。非常感激。」

我轉身離開辦公室時，聽到她喃喃自語：「這下有意思了。」

面談當天，生物科學院院長也是這個常設委員會的委員，他顯然很感興趣，因為委員會內部都知道了我膽大無畏的要求面談的消息。

秘書神情嚴肅地迎接我，打開會議廳的門讓我進去。包括院長在內的三位教授都板著臉、抱著雙手坐在會議桌的一頭。他們臉上都沒有笑容，每個人面前都有一份我的檔案與成績單副本。我坐在另一頭的一張摺疊椅。三對一……好像不太公平。我只有二十歲。

我走進去，打量四周，明白這不是面談，這是審判。

而我是那個異端分子。

「多堤先生，」委員之一的化學教授率先開口。我上個學期修他的課差點不及格。「你在班上有幾次沒有通過測驗，你的學業成績顯示你連畢業都有問題，更遑論申請就讀醫學院。你的成績單顯示你無法成為一個成功的醫學系學生，或證明你具備成為醫師的學科能力與才智。」

「我相信這次面談是浪費大家的時間，你有辦法說服我們嗎？多堤先生。」另一位委員說。我雖然沒見過她，但知道她是一位以嚴格出名的女教授。「我很欣賞你強迫秘書為你安排這次面談的舉動，但期待我們推薦你將來成為一個毫無成功機會的專業人員未免傲慢至極。醫學院的競爭非常激烈，我相信你一定知道，但你的學業成績不合格。」

我望著院長，但他沒有開口，只是好奇地注視著我。他是來觀察的。

「我有話要說。」我說。

「我們還有其他面談，你有申訴的自由，不過請你長話短說。」

我坐的摺疊椅很小，它讓我想起我在魔術商店和露絲面對面坐了很長一段時間的那張椅子。露絲教我不要讓客觀環境來定義我，也不要讓別人來定義我的價值。是的，我的成績很糟，但我有比成績糟更重要的價值。我深吸一口氣站起來。

「是誰授權你們去摧毀一個人的夢想？」我停一下後繼續說，「我在小學四年級時遇到一個人，一個醫師，他在我心中埋下一粒種子，讓我決定將來我也要成為一位醫師。當時這幾乎是不可能的事。我的家庭沒有人讀大學，沒有人當過任何教授，更別提醫學系教授。八年級時我遇到一位婦人，她教我如果你相信自己，如果你不要一直讓腦子裡的聲音告訴你，因為你過去是怎樣的人所以你將來也是怎樣的人，那麼任何一切都無所不能。我生長在一個貧困的家庭，無依無助，我的父母盡了最大的能力，但他們有他們的困難。」

我望著面前的委員，兩位教授依然雙手抱胸，但院長微微傾著上身，對我略略點頭，示意我繼續說下去。

「我的大半生都懷抱著這個夢想。它鞭策我、支持我，成為我人生中唯一不變的職志。不錯，我沒有很好的成績，但那是因為我無法掌控一切。我很用功，甚至比許多人更用功，雖然我的成績沒有顯示出來，但我可以向你們保證，站在這個委員會面前的人，沒有一個會比我更有決心在醫學院獲得成就。」

我望著眼前三位掌握我的未來的人，其中有兩人似乎沒在聽。長久以來這是我頭一次感到恐懼與焦慮。我知道這種感覺，那是我十二歲以前最熟悉的感受。我的心開始狂跳，感覺自己又再度像個迷失的男孩，疑慮有如迷霧般籠罩著我。我是誰，竟以為我可以成為一位醫師？大家心裡都明白。這時我忽然聽見腦中出現露絲的聲音，她叫我把心打開。我閉上眼睛，看見露絲的微笑。**你可以的，詹姆斯。**她說，**你可以做任何事。你的內心有一種魔力，將它施展出來。**

我繼續對他們傾訴我的心聲。我告訴他們我生長在一個貧困的家庭，必須自立更生求學。我告訴他們我母親和我父親的情況。我告訴他們我必須時常離開學校回去照顧我的父母。我告訴他們我在學校多麼用功讀書保持我的成績和學籍，甚至我能站在他們面前請求進入醫學院都是一件不可思議的事。我竭盡所能讓他們明白這是一件多麼不尋常的事。「各位都知道，學業成績優異和成為一個好醫師沒有絕對的關係。學業成績優異不會使你在乎。每一個人，一生中都必須有個機會去做別人認為不可能的事。今天各位能坐在這裡是因為有人相信你們，因為有人關心你們。我請求各位相信我，我只有這個請求。我請求你們給我這個機會，讓我成為我夢想中的那個人。」

我說完後，現場維持了一陣短暫的沉默，然後他們告訴我他們會考慮我所說的話。

接著院長站起來和我握手。「詹姆斯，我想你給了我們一個我們經常忽略的觀點，我們忘了站在我們面前的是一個人，而不是一個檔案。雖然有許多人達到我們要求的標準，但在許多方面，這種標準卻是武斷的。站在我們面前需要勇氣，需要熱情和勇於表達你想表達的話。你不會放棄，是吧？」

「不會，教授。」我回答，「我不會放棄，謝謝你們撥出寶貴的時間。」我離開會議室時說。

我從秘書旁邊經過時，她抬頭看我。

「你的表現如何？」

我聳聳肩，時間會說明一切。

她給我一個溫暖的微笑，「我有聽到一點裡面的談話。我感覺情況對你有利。」她給我一份宣傳單，「你也許會想看看這個。截止日期已經過了，但我想你大概也不會接受截止日期。」

這是一份杜蘭大學醫學院的暑期「加強及充實醫學教育計畫」（MEdREP）宣傳單，它是專為有心學醫的少數族裔與家境清寒的學生而設的暑期輔導課程，不但提供實驗經驗，還可以協助你為醫學院入學考試預作準備——這是每一位申請進入醫學院的學生都必須參加的測驗。

「謝謝。」我說。我看了一下宣傳單，杜蘭醫學院。我沒聽過杜蘭醫學院，但當下我有個感覺，它會是我未來的關鍵。

醫學預科委員會最後給了我他們所能給的強力推薦函。露絲的魔法又再一次靈驗了。

我打電話給杜蘭醫學院暑期輔導計畫，接電話的人告訴我已經截止收件。我要求與該計畫的負責人艾普斯博士談話。我告訴她我一定得參加。她聽了我的故事，最後說：「詹姆斯，你把申請表寄來吧，沒關係。」於是兩週後，我收到杜蘭醫學院暑期「加強及充實醫學教育計畫」的入學許可。不幸的是，我沒有錢買機票去紐奧良的杜蘭醫學院。巧的是，就在我接到暑期輔導計畫許可時，我的父親打電話來。他在洛杉磯的監獄，即將出獄，需要我去接他。他說因為我母親不准他回家，他需要一筆食宿費，否則只好露宿街頭。我自己身上只有吃飯錢和兩個星期以後要繳的房租費。父親說他不久後會領到一張支票。又來了。我心想。但我知道我會幫他，他是我父親。我的朋友凱斯知道一點我家的事，便提議開車送我去洛杉磯接我父親出獄。父親看起來還不錯，因為在監獄內住了幾個禮拜，這段時間都很清醒。我們送他到貧民區，幫他租了一個房間讓他住兩週，然後我給他兩百元。我告訴他我要參加杜蘭醫學院的暑期輔導課，他含笑說他以我為榮，並且謝謝我。我仍然不知道如何才能去紐奧良，但兩週之後我接到一封信，我認出那是我父親的筆跡，信裡面他簽了一張一千元的支票給我。我的父親把他所有的錢都給了我，好讓我能去紐奧良。我哭了。那次暑期輔導課是個重大的契機，它讓我接觸到實驗研究，也讓我認識了幾位醫學院的教授。它為我的醫學院入學考試預作準備，也讓我多一次面試的經驗。暑假的課程緊湊密集，但我非常專注，並且非常快樂。我即將成為一名醫師。我對此深具信心。

那年秋天，我向杜蘭大學醫學院提出入學申請後，焦慮地等待著。我知道我在暑假輔導課程中表現很好，醫學院入學考試也考得不錯，但因我的大學學業成績不理想，我知道比起極大部分的申請者，我的競爭實力差很多。同時我身兼兩份差事，長時間工作大大影響了我，我很難集中注意力。就在這個時候，我接到母親的電話，說我父親喝得爛醉，突然決定搭灰狗巴士去肯塔基探望他的親戚。她很擔心，因為他沒帶任何東西，而且已經兩個星期沒有他的消息，他也沒有出現在肯塔基。父親雖然經常鬧失蹤，但沒有一次離開那麼久而不露面，或我們沒有聽到他的任何消息，或接獲通知說他入獄。為此我又多了一樁煩惱。過了幾天，母親又打電話來，說父親住在田納西州約翰遜城的退伍軍人醫院。

當時已近黃昏，但我立即聯絡醫院，並與值班醫師通電話，得知我父親在加護病房接受高劑量的抗生素治療並使用呼吸器，對指令只有間歇性的反應。他得了嚴重的肺炎，肺部輸氧困難。醫師指出，父親似乎有反應，但仍十分危險。他要求我多提供一些他的背景和就醫史，我這才發現我對父親的了解太少。我不知道他現在有沒有任何持續性的健康問題，我不知道他是否正在服藥，是否動過手術，是否有過敏問題……我只知道他喝酒。我對父親的了解僅止於他喝酒。

掛了電話後，我試著回憶他和我坐下來聊天或一起做事的往事，與他喝酒無關的事。但那些記憶都很模糊，都是一些失焦的回憶，沒有任何深刻的印象。他坐巴士去探望親戚，卻沒有見到他們。他在那輛巴士上做了什麼？他在尋找什麼？他為什麼選擇在這個時候遠行？這些都是徒勞無益的疑問，我明白，最終還是他的酗酒使他孑然一身地住進一所遙遠的醫院。

我坐在床邊哭。我必須去看他，但我沒錢，我母親也沒錢，而且我還要參加考試。接下來幾天我在焦慮中度過。我打了幾次電話去醫院，得知他已失去意識，器官正在衰竭。醫師告訴我預後很不樂觀，可能會死。我的室友主動提議借我錢買機票，我立刻安排在第二天中午動身。我不知道一旦抵達醫院後我能做什麼，我只是不希望他孤孤單單一個人。

那天晚上我睡得很不安穩。我從沒搭過飛機，我對我要去的地方毫無概念，我很害怕，我很累。後來我還是睡著了，睡得很沉，卻又猛然驚醒。我不知道是什麼叫醒我，我只是醒來後睜大了眼睛，看看四周，發現我的父親坐在床尾凝視著我。他看起來很好，事實上，比我長期以來見過的他還更好。他很平靜，臉上沒有微笑，只有一種溫和與接受的表情。他說：「哈囉，兒子，我來跟你道別，我很抱歉我不是一個我想成為的好父親，我很抱歉我沒有常陪在你身邊。我們每個人都有各自要走的路，我必須接受我的。我希望你知道我以你為榮，而且我非常愛你。我得走了。記住，我愛你，再見，兒子。」我說：「我也愛你，爸。」然後他就不見了。

我坐起來。我不確定我是在作夢或那是真的。我不知道該怎麼想，我只是坐在那裡想等我見到他，我要擁抱他，告訴他沒關係，告訴他我愛他。然後我又倒下去睡，直到電話鈴聲把我叫醒。我緩緩拿起話筒，半睡半醒。打電話的是我父親的醫師，他告訴我，我的父親已在一個小時前去世，他很遺憾。他說父親去世前有張開眼睛微笑。他希望我知道，父親去世時沒有任何痛苦。我謝謝他，掛上電話，然後我打電話給我母親，兩人在電話中哭。她說他已盡力了，在他內心深處他仍是個好人，而且他非常愛我。

我的父親愛我。

我知道他愛我。

我也愛他。

我與加州大學爾灣分校醫學院預科委員會面談後一年，也是我父親去世後兩週，杜蘭大學醫學院接受了我的入學申請。接到信後，我走進我的房間，坐在床邊徐徐打開信封，腦子裡想著我的父親。我朝他那天晚上來看我並向我道別時坐的地方看一眼，知道他以我為榮。

如同預科委員會在面談時指出，我從加州大學爾灣分校畢業的條件不足，但我仍然在一九七七年和其他畢業生一起參加畢業典禮。我進入醫學院的條件之一是必須拿到大學畢業證書，但我在大三那年因母親企圖自殺未遂，我只好請假回家照顧她，結果沒有修完三個生物選修科目，醫學院秋季開學之前我也沒有機會補修。我不知道該怎麼辦，後來我想通了，我唯一能做的就是告訴他們實情。於是我打電話到杜蘭大學找醫學院招生部主任，等了很久他才接電話。他似乎一聽就知道我是誰。我解釋我的情況後對方沉默不語，又是一次漫長的等待。最後他說：「詹姆斯，我們希望你能來杜蘭，如果爾灣那邊允許你把你在醫學院所修的學分轉為你沒有修完的學分，那就沒問題。」我大概說了一百萬遍感謝後才掛電話。接下來的發展更令人意外。我向我沒有修完的那幾個科目的教授解釋，我已取得醫學院的入學許可，但因家中發生緊急事故，我不得不中輟最後一季課業，請他們是否能考慮允許我以醫學院所修的科目轉為我未能完成的那些科目的補休學分。每一位教授都立即同意，並祝賀我進入醫學院。我後來才知道，他們當時都以為我的學業平均分數與醫學院入學考試的成績都很優異，自然寬容我沒有修完的科目，並容許我以醫學院的課業取代大學未修完的課程。

規定和標準有時非常重要，但執行時往往過於武斷，只憑數據和有限的機會篩選。規定學業成績全部要A或必須要有一張大學文憑，是成為醫師的一種人為障礙。我知道我有內在的才智和決心成為一位優秀的醫師。

現在是證明它的時候了。

(8) 這不是什麼難事

我從未想過要成為神經外科醫師，我的計畫是當一個整形外科醫師——我曾被顱顏異常的兒童感動，對於複雜的手術技巧也很感興趣。看到顏面畸形兒童的照片總是觸動我的神經，我對那些帶著無法隱藏的創傷、老是發現別人轉頭不敢看他們有缺陷的臉部的孩童特別有同理心，但我也很喜歡美容整形外科，幻想有一天成為大學教授，部分時間照顧兒童，部分時間在比佛利山莊我的辦公室為富有的客戶做整形手術。何況，成為富人名流的整形外科醫師收入頗豐，又可以認識許多漂亮的美眉。

進醫學院的頭一年我獲得一份獎學金，讀完第一年後我又獲得一份軍方的獎學金。我感到我有義務為我的國家效力，希望有所回饋。我仍清楚記得我曾夢想成為查克・葉格，駕駛戰鬥機飛越蘭開斯特上空突破音障，以及穿上「執法探索」會員制服時那種神氣的感覺。我在大學求學期間有了一個新發現，原來葉格並非突破音障的最初人選，這個榮譽屬於一個叫「滑頭」古德林的人。問題在於古德林索求試飛代價十五萬美元，這在一九四七年是一筆鉅額數字。然而，葉格不要求金錢，他突破音障是為了追求冒險與探索精神，他想知道一個人將他自己推到極限時可能發生什麼情況。因此即便斷了兩根肋骨，全身劇痛，他還是胡亂拿起一根掃帚柄，用力將機艙門關閉。任何事都不能阻止他。

那麼我是誰？我是王爾德筆下形容的「只知道付出代價，卻不懂得價值」的那種人嗎？我的大半生都花在兼顧我內在的「滑頭」古德林和我內在的查克・葉格。我對其他和我一樣困頓、痛苦的人具有同理心，我想幫助他們。但我同時也想要名利。修練露絲的魔法使我得以有今天，而且我依然每天修持，明白距離我想達成的目標仍有一段路要走。我要名與利、我要成為一個受人景仰的人、我要成為世界第一的外科醫師。

軍方同意供我讀完醫學院，涵蓋一切學雜費與開銷，而我同意入伍成為一名軍醫。我在美國陸軍總共服役九年，最後成為詹姆斯・多堤少校。

我在醫學院求學的經驗和我的大學經驗完全不同。我的課業毫無困難，而且我發現我有個自然傾向，喜歡研究錯綜複雜的人體——解剖學、組織學、生理學。

以超越常人的記憶去背誦更多資料，是每一個醫學院一年級生最感到吃力的一件事。如今我知道，多年來不斷複習我在魔術商店所學的技巧開發了我的大腦，使我比我的許多同學更容易記憶。我可以用更長的時間專注在我的學習上，而且我在閱讀醫學教科書時也不會心有雜念或胡思亂想。我們有一套記憶法來協助我們熟記從骨頭到神經，到如何書寫病歷表等所有一切。其中有的很滑稽，例如熟記哪些腦神經是感覺神經、運動神經，或兩者皆是的口訣是——「有人說嫁給金錢但我老哥說大腦更重要」（Some Say Marry Money But My Brother Says Big Brains Matter More）。有些方法則比原始資料更難記，例如背誦頭蓋骨神經就要強記OOOTTAFVGVAH這一堆字母。

我用一般的記憶法背誦，但我也會自己發明。有時我假裝利用這些方法，但實際上當我需要時，這些學過的資訊自然會源源不斷地進入我的意識。加州大學聖塔芭芭拉分校的研究人員在二〇一三年所做的一項研究結果發現，大學在校生接受為期兩週的專注冥想訓練後能增強記憶力、專注力與整體認知功能，同時能提高研究所入學考試（GRE）分數及其他著重記憶與專注的測驗。這項研究讓我感到驚訝的是，研究人員在二〇一三年所做的訓練，和我在一九六八年跟隨露絲所做的練習極為相似。一般人花多少錢在準備ＧＲＥ測驗與上課？而以靜心冥想方式來輔助學習最美的一點是——它完全免費。

軍方獎學金使我在完成醫學院學業後順利獲得實習機會，但不保證繼續升為住院醫師。在民間，實習醫師與住院醫師是連貫的，但我必須自己去申請成為住院醫師。一九八一年從杜蘭醫學院完成學業後，我接受夏威夷特里普勒陸軍醫療中心（Tripler Army Medical Center）一個彈性實習的機會——我在當學生時曾經到這裡見習。彈性實習意指我要在各個專科輪流實習，而不單單只有一般外科。我在小兒科、產科、婦科、內科，以及一般外科和神經外科輪值。我認為這種廣泛與多元的經驗對我的教育更有幫助，但殊不知，當你要申請一般外科住院醫師時，彈性實習反而對你不利，因為你沒有專攻外科手術和它的附屬專科，廣泛的專科知識反而降低我的機會。我的計畫依然是成為兒童整形外科醫師，但這需要先成為一般外科住院醫師，接著成為整形外科醫師，接下來才能成為顱顏外科醫師。我早已規劃好，但當時有十二個人角逐一般外科住院醫師的職缺，而我是唯一有彈性實習醫師經歷的人。我毫無勝算。我的其他十一位同事告訴我，我絕不可能入選一般外科住院醫師，而且他們顯然都幸災樂禍。我有堅定不移的目標別人都不太能接受，我對自己心想事成的能力深具信心也常被視為傲慢自大，現在我終於明白為何他們樂見我失敗了。

一般通常會在十一月提出住院醫師申請，因此我和其他人一樣也提出一般外科住院醫師申請。隔年四月我在神經外科輪值。當時的主管是我在任何一科輪值時所遇到最好的人。神經外科令人著迷——腦部手術要求嚴格，必須一絲不苟，它能帶給我以胸腔與腹部手術為主的一般外科所沒有的興奮感，彷彿進入一個沒有人去過的地方，這個人類最幽深、最隱密的地方在召喚我。我依然想幫助那些顏面畸形的兒童，但探究大腦的奧秘就像一種新的冒險在呼喚我。我想成為腦神經外科醫師和我想讀大學及醫學院的心願同樣熱切，但我必須先成為腦神經外科住院醫師，而不是一般外科住院醫師。我知道，如果我願意的話，我可以一邊當神經外科醫師，一邊當整形外科與顱顏外科醫師。這簡直太完美了。

特里普勒醫療中心的神經外科主任鼓勵我。

「你的技術很好，詹姆斯，你應該在神經外科，你必須在神經外科。」

「太好了。」我回答。我暗地裡洋洋得意，我要成為神經外科醫師了。

「問題是，」他繼續說道，「軍方一年只培訓一位神經外科醫師，而且要先儲備三年，你還必須等待，然後等你實習完畢，他們還會把你派去當幾年的一般外科軍醫官，直到你成為名單上的最佳人選，那時候你才能開始當住院醫師。」

「三年？」我問。

「只有三年。」

「很抱歉，我不能接受。」

他聽了哈哈大笑，「你只能慢慢等，詹姆斯。」

「狗屁，我無法接受。」我激動地說，明顯的魯莽。

「事情就是這樣，這不是狗屁，這是軍中。」

「但我無法接受。」我說。

他搖頭，隨後請我離開他的辦公室。

我的假期到了，可以離開軍隊三十天，於是我離開特里普勒醫院，到沃爾特・里德（Walter Reed）陸軍醫院待了一個月。這裡是我計畫最後停留的地方，因此我利用自己的假期在神經外科輪值，表現優異。我在「假期」結束前會見神經外科主任。

「我喜歡你，詹姆斯，你在這裡輪值期間的表現十分傑出，我想你會是個優秀的住院醫師。」

「謝謝你，」我說，「我猜想這意味我今年秋天就可以開始上班。」

「詹姆斯，你知道最少要等三年，三年後我會把你的名字呈報上去。你應該高興，因為我這邊已有四個人在等這個缺。你甚至還沒有正式提出申請。」

我直視著他，說道：「我無法接受等待三年，如果你不同意明年就讓我成為住院醫師，那將是你這一生所犯的最大錯誤。我不要等三年，我很抱歉，我不是有意無禮或傲慢，但我沒辦法接受。」

雖然已經遲了，我還是向院方提出神經外科住院醫師的申請。我相信自己的魔法。

我返回特里普勒陸軍醫療中心，向一般外科主任報告我很感激他的提拔，但我要撤回我的一般外科住院醫師申請，因為我要去沃爾特・里德陸軍醫院的神經外科。「不可能，你進不去。」他正式答覆，「我不准你撤回申請，你們是我這一科最好的團隊，而你是其中之一，我不會讓你走。」

「好吧，」我說，「但我告訴你，我不當一般外科住院醫師，而且我要去沃爾特・里德。」

我繼續完成我的實習任期，一面觀想我已在沃爾特・里德陸軍醫院擔任神經外科住院醫師。每天早晚，我從我的心靈之窗看我自己。我不為結果操心，我已學會觀想我的目標但又不為最後的結果所動。我只知道無論如何它都會發生。我規劃我的未來，然後聽任它的發展，無論它如何發展。

結果，這件事的發展牽涉到一起感情糾紛。已被內定第二年將升為住院醫師的那個人和沃爾特・里德醫院的一名護士早就有戀情，結果兩人鬧分手，他卻苦苦糾纏她，顯然其中還牽涉到一些別的問題，因此神經外科主任撤銷他的住院醫師申請，他被改調去南韓當一般醫療軍官。由於其他順位人選此時都已承諾前往他地任職，這個職缺已無候補人選，當骨牌倒下時，我忽然成為唯一仍站在原地的人。

我不知道這是否是我日夜觀想的結果，還是幸運之神的眷顧，我只知道魔法又再一次靈驗了。

我在同一天收到特里普勒醫院一般外科和沃爾特・里德醫院神經外科的住院醫師同意書。一般外科主任同時接受我們四個人，接到同意書那天他在他的辦公室召見我們。

「我要你們四個人知道，你們每一個都是特里普勒醫院一般外科四個職缺的第一人選，也是我所見過最優秀的一班實習醫師。」

我看看同時被接受的其他三人，他們都竭力討好這位兼任手術室主任的一般外科主任。他們都按照規定理髮，鞋子擦得閃亮。但我向來不重視這些，我盡量做一個最好的實習醫師，但我的頭髮經常太長，我的鞋子也常忘了擦，而且我不擅長拍馬屁。「我要帶你們去軍官俱樂部，我們去慶祝。」

我打斷主任的道賀。「主任，」我說，「我要向您報告，我不能接受這個職務。」

他看著我。「為什麼？」他問。從來沒有人在接受後又拒絕。

「我已接受沃爾特・里德醫院的神經外科。」

他漲紅了臉，一時說不出話來。「我提醒過您，」我說，「我請您撤銷我的申請。」我立正，敬禮，然後走出辦公室。

沃爾特・里德醫院的主任在我為期一個月的輪值期間對我說過他很欣賞我，但我後來卻為他帶來不少麻煩。我反應靈敏，言詞犀利。我在沃爾特・里德就常這樣。無論做什麼，我經常都忍不住站起來說實話，這種直言無諱的個性對於一個住院醫師並沒有太大幫助。

我變得傲慢自大。心想事成，加上我在神經外科方面的專業技術，使我前所未有地感到自己的重要與特殊。我在十二歲那年學到的魔法和十多年來的長期練習，使我感覺自己天下無敵。我常惹麻煩。我還沒有學會謹慎或明辨是非。我違抗我的主任，常當眾挺身而出。即使只是一個資淺的住院醫師，我也自以為是個專科醫師。我關心病人更甚於遵從住院醫師的尊卑次序與政治。我的態度使我的前輩紛紛疏遠我，我的主任後來也開始厭惡我，因為我不遵守我不喜歡或我認為不合常理的規定。我不在乎醫務人員的行事作風，許多資深的住院醫師會欺負與輕視別的住院醫師，包括我在內，這經常讓我想起我在蘭開斯特的童年往事。我知道如何為自己站出來，如何為他人站出來，一有機會我便重施故技。

我擔任住院醫師的第一年，在耶誕節前，我被叫去開會。主任坐在他的辦公桌前，所有與會的人都在辦公室。

「我們要審查你的評鑑結果，」主任率先說道，「我們嚴重關切，有人對你照顧病人的態度有疑慮。」

我立刻站起來。「慢著，如果對我的醫療照顧有疑慮，我要看報告。我很認真在當一個醫師，沒有明確證據我不接受這樣的指控。」多年來我看盡我的母親被缺乏愛心的醫師草率對待。我看到她被趕走，我的家人被趕走，我知道我有多麼關心我的病人。我聆聽他們的故事。我反覆檢查和他們的醫療照顧有關的一切。我會在他們的病床旁邊一坐就是幾個小時。我知道他說的不是事實。

辦公室內一陣沉默。主任尷尬地翻著他辦公桌上的報告。

「這……這，」他結結巴巴地說，「不完全是那個。事實上是你的態度。我們不覺得你真的想待在這裡，因為你常與人作對，我們已決定將你留下察看，未來半年我們會觀察你，如果你表現不好，我們會停止你的住院醫師職務。」

我一個個注視他們，但沒有人迎接我的眼光。

「如果你要趕我走，現在就趕，現在。我無法接受留下察看。我不接受。我這一生還沒有為任何事被判留下察看，更不會從現在開始。」

幾個人都啞口無言。他們不能停止我的職務，我知道他們心裡明白。這樣做會有困難，因為病人和醫務人員對我的評價都是表現出色，只有主任對我有負面的評價。再說，這樣做他也會很尷尬。

「你去外面等，我們作了決定後再叫你進來。」

我坐在辦公室外等了一個半小時。我閉上眼睛，專注在我的呼吸上。我盡量讓自己保持鎮定，並信任露絲教我的一切。

等他們再傳喚我進去時，主任清一清嗓子，宣布：「我們決定不將你留下察看，但我們會密切觀察你。」

我好不容易才忍住沒有笑出來。他們早已在密切觀察我，雖然我對我的前輩態度不是很好，但我對病人的態度以及我的醫師才幹都無可非議。我自命不凡，仍然相信我不僅天下無敵，而且相信露絲教我的魔法永遠不會讓我失望。現在我明白，我雖然從露絲那裡學會技巧，卻沒有學會她所教導的心。

「那，好吧，」我說，「這聽起來還像個樣。」

我和我的主任對立了許多年。我是個優秀的神經外科住院醫師，他知道，我也知道。我一直沒有被正式留下察看，但我畢業時他和我握手，然後他靠近我耳邊，說道：「我要你知道，這段期間你在我心中一直是留下察看。」

我不懂得謙虛，穿上白袍的成就讓我沖昏了頭。

住院醫師的工作很嚴肅，但休假時我們都出去參加派對，不計後果地狂歡。我認真工作，也認真玩，認為自己堅不可摧、天下無敵。一如多年來的夢想，我穿上白袍了，我是多堤醫師。

任何事都不能阻止我。

住院醫師的工作在一九八〇年代中期比現在要繁重得多，有點像新兵訓練營，值班時間有時一次長達二十四小時。我們睡眠不足，經常受到監督與壓力，有時洩掉一點蒸汽——顧及住院醫師的身心需要而輕鬆一下——是正常的。我有些同事開始喝酒，超過他們應該的量——我在他們身上，也在我自己身上看到這種跡象。我從小就知道怎樣算是酗酒，但我試圖從偶爾飲酒過量與酗酒二者間的剃刀邊緣取得平衡。我告訴自己，在我少量的休息時間中參加派對不算過分。我可以感覺到我的遺傳基因有時會吸引我在住院醫師的繁重壓力與生活需求下尋求逃避，但我不是我父親，我永遠不會像我父親那樣。

漸漸地，我停止了靜坐與冥想，長時間值班使我無法固定每天早晚修習。一開始我每隔幾天做一次，後來一個星期做一次，最後我感覺完全沒有時間。我不再增添我的願望清單，我很清楚我要什麼，我也知道如何華麗地結束我的魔法表演。我即將成為神經外科醫師，那是受人託付在人體最重要的部位動手術的專業菁英。我認為，大腦支配一切，而我支配大腦。我已經把露絲的魔法都學會了。

一天晚上，我們四個人決定一起出去慶祝一次格外疲累的輪班結束。我們是個密切的團體，一起工作、一起吃、一起在自助餐廳猛灌咖啡。我們就像一般人共同度過一起創傷事件或一場天災那樣地緊密連結。我們在同一場戰爭中並肩作戰——都是住院醫師。由於我們都沒有多餘時間另外結交朋友，彼此便很自然地成為好友，有點像一家人。

我們的壓力極大，我們減輕壓力的方式也很極端。在醫院工作會看到你不想看到的東西，我們發現將心中這些影像模糊化的神奇配方是混合大量的酒精、古柯鹼、高分貝音樂及半裸的女人，次序不拘。

那天晚上我們從八點左右便開始在醫院附近一家脫衣舞俱樂部喝酒。我們在舞孃身上撒錢，彷彿我們是有錢揮霍的大爺。接著我們轉移陣地，去一家西班牙餐廳吃海鮮飯與塞拉諾火腿——一種下酒的風乾火腿。我們喝了一瓶又一瓶西班牙葡萄酒，我不確定古柯鹼是什麼時候出現的，但在拔下掛在餐廳牆上的古董劍展開生死鬥後，我們被趕出餐廳。

那是十月一個潮濕的夜晚，離開餐廳後，我記得我還仰頭享受迎面撲來的清涼感。能擺脫醫院的感覺很好，活著的感覺很好，成為我的感覺很好，興奮刺激的感覺很好。

我們四個人上車，車內到處是空啤酒罐。我們在黑夜中蛇行，音樂開得震天價響。我快樂得飄飄然。然後我聽到腦中有個聲音說：「繫上你的安全帶。現在！」我嚇一跳，立刻看看左右。坐在前座的同伴正大聲唱歌，一面將啤酒罐扔出窗外，開車的同伴一面荒腔走板地唱著歌，一面點頭。坐在後座我身邊的同伴已經睡著，他們都沒有叫我繫上安全帶。

那是一部一九六四年出廠的紅色**福特菲爾蘭**——一個朋友的母親所擁有的一部福特經典車。我們都不知道它的輪胎已經幾乎磨平。後座有繫在腰上的安全帶，我正在扣我的安全帶時，車子剛好來到一個大轉彎，車身偏向一邊在潮濕的柏油路上滑行，並衝向來車道。離心力使我感覺安全帶拉緊了。接下來那一幕彷彿在夢中，我眼睜睜看著我們迎面撞上一棵大樹。

眼前的一切漆黑一片。

呻吟聲喚醒我的意識。我躺在駕駛座旁的潮濕地面。我不知道是我被拋出車外或我的朋友將我拖出來。開車的同伴趴在方向盤上不動。我感覺背脊劇痛，但兩腿麻痺。我想移動它們，但它們一點也不聽使喚。

我開始嘔吐並想起身。我聽見同伴說話的聲音。**岩溪公園。大約一哩。我們必須有一個人去。我的膝蓋。你留下來陪他。**但我無法將這些字句拼湊出含意。我閉上眼睛，讓潮濕的柏油路面冷卻我的臉。我的身體在灼燒，但我有個感覺，假如我讓我的臉冷卻，我就沒事了。

沃爾特・里德醫院距離這裡只有一哩，因此坐在後座的同伴——他只有輕微割傷與擦傷——徒步去求救。到了沃爾特・里德醫院後，他告訴行政人員必須派救護車去接我們，但他們拒絕，說他們沒有得到授權，不能去照應基地外面發生的意外事故。

同伴毫不畏懼地在沒有獲得授權的情況下，硬是開了一輛公家車返回現場。當他將我拖進後座並送進急診室時，我痛得大叫。在沃爾特・里德醫院急診室時，是由我的住院醫師同事為我檢查傷勢，但那種感覺很奇怪。幾個鐘頭前我們還是醫師，但現在我們成了病人。我的幾個朋友都有韌帶拉傷、割傷，其中一個還有嚴重的胸部撞傷和腦震盪，但大體上都還好。

我是唯一繫安全帶的人，但也是傷勢最重的人——小腸撕裂、脾臟破裂、腰椎骨折。腹部的傷勢需要立即處理，於是我被推進手術室。

我成了病人，當我看到手術室的燈光投射在我身上時，我彷彿可以感受到每一個先前躺在那間手術室的病人的感覺。我感覺到一波波的疼痛、恐懼與憂慮。我聽到人聲，彷彿有許多人在一個房間內同時在說話。**萬一我不能醒來呢？上帝，請不要讓它變成重症。我應該再一次告訴祂我愛祂。萬一我再也不能走路呢？沒有我，他們怎麼辦？救救我，我不想死。**

我接下來聽到的是爭執的聲音。我認出我在加護病房。劇烈的疼痛超乎我的想像。我的腹部纏著繃帶。我閉上眼睛阻擋燈光，聽到一般外科主任和神經外科副主任在爭執。他們為了我而起爭執。

情況不妙。儘管全身劇痛，我的醫學教育仍然管用。我的血壓從手術後就急遽下降，低到量不到舒張壓。我的收縮壓——兩個血壓讀數中數據較高的血壓，也是心臟收縮時在大動脈量到的血壓——只有四〇。我的血壓應該至少是這個數字的兩至三倍，但我的心率卻超過一六〇，很明顯的，我處於出血性休克，而且我仍在失血，並且是快速失血，這顯示我有內出血現象，很快的就不會有足夠的血壓供應我的重要器官。我明白這意味著什麼，不久之後我就會心臟停止跳動，我會腦死，我會掛掉。

我心想，這不該是我的人生結局，我不該就這樣死去。

下一刻，我感覺一切都在移動、傾斜。我忽然從天花板上俯瞰我自己。我沒有感覺到任何疼痛，我看到燈泡散發出波浪狀的光暈，我看到點滴注射袋內的每一滴液體，我看到主任的頭頂，和他額頭上的點點汗水。我從上往下俯視，看到自己躺在床上。我看起來瘦小而脆弱，而且非常、非常蒼白。我看到監視器，上面的線條和數字不規律地上下跳動，而且我彷彿可以聽到血液在我的血管內流動的聲音，並且知道血液不夠。我可以聽到我的心跳，聲音像來自遠方的鼓聲，擊出快速的節奏。我冷眼目睹這一切。我不覺得悲傷，只是真確地覺察正在我身上和我四周發生的一切。

一般外科主任堅稱他不可能沒查出我的腹腔仍在出血，這不可能是我失血的原因。

「你顯然錯過了什麼，」副主任大聲說，「他正在補氧，又沒有嚴重的骨折，他在內出血，你一定沒看出來。」

我彷彿在看一場戲，同時可以感覺到副主任的沮喪與恐懼，以及主任的傲慢與自信。我可以感受到房間內每個人的情緒。

我看到副主任一隻手放在我的腿上。「你這白癡，假如你不把他送回手術室，我要送了。就是現在！」

主任終於答應。我從上方看著他們將我推進手術室，一名護士靠過來，在我耳邊小聲說：「你要跟我們在一起，詹姆斯，我們需要你，你不會有事的。」

接著眼前一片黑暗。

我在這片黑暗之後的經歷，永遠說不清也忘不了。它比一個普遍但不平凡的經驗更令人費解，是一種過去幾世紀以來一直被人重複報導的經驗。

轉眼間，我忽然在一條小河中順流而下，起初緩慢移動，接著我看到一個明亮的白光，很像我在魔術商店每天凝視的燭火尖端。我立刻衝向它。一路上，我看到河的兩岸擠滿我認識的人。我想我看到我父親，我想我看到露絲。我感受到一種前所未有的愛與接受。我看到的許多人當時都還活著。我看到我母親穿著她的浴袍，我的哥哥和我一起在蘭開斯特我們的房間內開懷大笑。我看到我初中時代愛慕的女生克麗絲。我看到我以前的橘色腳踏車。我看到我坐在巴士上要去爾灣。我看到我自己第一次試穿白袍。我看到我自己那天晚上仰起臉迎向清涼的夜霧。我感到白光越來越溫暖、越來越近。它越來越大，我似乎知道那個光是愛，是宇宙間唯一有意義的東西。我一定要靠近它，而且我知道一旦接觸到它，我便會和宇宙合而為一。這是我一直在追尋的東西，我唯一需要的東西，我要和這個光合而為一。但我又忽然明白，當我和那個溫暖宜人的光合而為一時，我就不再是這個世間的一分子。我會死去。「不！」我大叫，或者至少我認為我大叫。剎那間，我開始倒退，離開那個光，彷彿我把一條橡皮筋拉緊後忽然放開。我急速倒退，快得我都無法理解。我感覺剛才那些迎接我的東西此刻都消失了。

我仍然閉著眼睛，但我聽到監視器的嗶嗶聲。

我一定要睜開眼睛。

「詹姆斯，你聽到我的聲音嗎？」我感覺有人在捏我的腳，便張開眼睛。恢復室明亮的燈光直直照在我臉上，我快速眨眼。

「詹姆斯！」那個聲音說，「我告訴過你我們需要你，如果你不在了，誰來逗我們笑，逗我們開心？」

我伸手碰觸她的手臂，「我還活著嗎？」

「你當然活著，我們不得不為你輸了許多血，但你會好起來。你現在穩定了。」

「我的朋友都好嗎？」

「他們都好，你那幾個哥們都是糟糕的病人，但你會好起來，除非我們在你睡覺時把你宰了。」她笑說。

「我死去過嗎？」我問。

「你還活著。」

「不，我的意思是我有死去又被救回來嗎？」

「沒有。你的情況很不穩定，你的血壓也一直都很低很低，但你沒有心跳停止。他們在你的脾臟附近找到先前沒發現的出血點。你的腹部積了四公升的血液，難怪你的血壓那麼低。他們為你輸了十六單位的血漿，但是沒有，你沒死，至少就我所知沒有。」

她滿臉疑惑地望著我。

「沒事。只是很奇怪，我在一條河上。」我沒有再繼續說下去，無論這是什麼經驗，我都沒有必要解釋。我的科學家本能開始檢討和這件事有關的生理現象。我的經驗會是我的腦部缺氧引起的極端反應嗎？我有大量釋放神經傳導物質嗎？這是休克和外傷、失血所引發的幻覺嗎？當我處於這個經驗中時，我不是以一個具備醫學知識的神經外科醫師的眼光看它，但現在我是。這是一個我能解開的大腦之謎嗎？

據估計，有多達一千五百萬名的美國人有過一般所謂的瀕死經驗（near death experience，簡稱ＮＤＥ）。二〇〇一年，醫學期刊《刺胳針》發表一項研究報告，顯示因外傷或疾病造成低血壓、腦缺氧，或整體腦功能障礙導致心跳停止或停止呼吸的患者中，可能有百分之十二至十八有瀕死經驗。這些相似的經驗常被描述為離開自己的身體、飄浮、快速回顧自己的一生、感覺看到已故的親人或聽到他們的聲音、有溫暖與無條件的愛的感覺，並且往往在經過一條河流或隧道時被一種光吸引。許多文化與紀載的歷史中都能看到這類敘述。

在柏拉圖的《理想國》中有一篇〈厄爾的故事〉（Story of Er），敘述一名軍人被殺，但屍體沒有腐爛，並且在十二天後的火葬堆上復活。他敘述自己瀕臨死亡（或死亡）的經驗，其中有一部分和現代的瀕死經驗相似。有人說，十六世紀荷蘭畫家耶羅尼米斯・波希（Hieronymus Bosch）的油畫〈升上九天〉（Ascent into Empyrean）就是在顯示瀕死經驗，畫中的隧道通往一處亮光，其形狀與情景可能代表塵世以外的世界。不列顛海軍上將波佛（Beaufort）曾自述他在一七九五年差點溺斃的經驗。美國醫師威爾塞（A. S. Wiltse）也在一八八九年敘述他在一次傷寒發作後有過類似的體驗。每一個案例都有一些與典型的瀕死經驗相似的內容——隔著一段距離看他們自己，有飄浮的感覺，看到親人，以及奔向一道白光。

十九世紀末期，法國知識學家兼心理學家維克多・埃格（Victor Egger）以法文「expérience de mort imminente」（瀕臨死亡的經驗）一詞來形容數名登山客在一次致命的墜崖意外中，「看到」他們的一生從眼前快速經過的類似現象。更近一點，英國心理學家瑟莉雅・格林（Celia Green）在一九六八年發布一項研究結果，她在這項研究中分析四百宗靈魂出竅的經驗，激起人們對於人的意識是否能存在我們的身體以外產生懷疑。一九七五年，精神病學家雷蒙・穆迪（Raymond Moody）出版一本論述類似經驗的書，並首創「瀕死經驗」這個術語，引發科學家對這種早先只有在宗教、哲學及形上學領域被討論的現象產生興趣。許多敘述中包含宗教象徵，如天使與耶穌或穆罕默德等人物。這些象徵通常與個人的信念或宗教信仰有關。對許多人而言，這種經驗改變了他們的一生。有些無神論者的敘述和有信仰者陳述的瀕死經驗有許多共通之處，其中最著名的當數英國哲學家及《語言、真理與邏輯》（Language, Truth, and Logic）這本書的作者艾爾爵士（Sir A. J. Ayer）。他本是個強硬的無神論者，一九八八年有一次在吃東西時差點噎死，經過這次事件後，有人引述他的話說：「我的經驗不但削弱了我認為死後沒有生命的信念，也削弱了我對這種信念的彈性態度。」在有記載的無神論者的瀕死經驗中，許多人宣稱此一經驗沒有影響他們的信念，但有些人則從此改變了心性。

在穆迪和其他人的努力下，越來越多科學家逐漸對這種現象產生興趣。此外，我們知道透過麻醉藥物K他命和迷幻藥，也能產生人為的相似經驗。用電刺激大腦顳葉或海馬迴也可以引發類似的經驗。進入大腦的血流量減少（如戰鬥機飛行員高速飛行時），甚至在過度換氣時，腦部血氧濃度降低也會發生這種現象。有趣的是，雖然誘發的經驗與瀕死經驗相似——迷幻藥例外——但它們和個人的轉變或改變人生態度通常沒有關聯。那麼，在這種情況下，使他們轉變的公分母真的是死亡威脅（或大腦的一部分將這種情況詮釋為死亡威脅）嗎？

心理學家蘇珊・布萊克莫爾（Susan Blackmore）提出假設，穿過隧道奔向亮光的經驗是因為腦部缺氧造成越來越多腦細胞放電，導致神經噪音增強的結果。她並且表示，平和與寧靜的感覺是因為從這件事的壓力釋放出大量的安多芬（腦內啡）。生理學家吉莫・波吉金（Jimo Borjigin）在最近的一項研究中以齧齒動物進行缺氧實驗，發現老鼠在心跳停止後三十秒內，腦部出現伽瑪波同步連續震盪的短暫現象。換言之，老鼠缺氧、心跳停止後，腦部仍在死後呈現高度意識。這些伽瑪震盪波在冥想時的醒覺與高度覺知的意識狀態下，以及快速動眼（REM）睡眠期——這期間記憶會整合與增強——也都能測到。顯然，我們可以找到許多在瀕死經驗期間發生的詳細紀錄的神經生理學案例，而且這些現象也能在其他類型的腦壓因子下發生，或者以種種和瀕臨死亡無關的方式加以複製。

和人生的大部分一樣，我們的信念是我們的生命經驗的一種顯現，我們的大腦則是那些經驗的整合。但心的經驗呢？比起瀕死經驗所引發的對死後生命的科學、研究與懷疑，更令我感興趣的，是貫穿這些經驗的共同脈絡。為何會有這麼多奔向光與溫暖與愛的現象？也許我們在瀕死之際的經驗是我們的心靈的最大渴望。渴望無條件被愛，渴望受到歡迎，渴望家與家人的溫暖，渴望歸屬感。

我不知道車禍後我的血壓急遽下降之後到底發生了什麼，但後來我明白其實無所謂，我不需要去解開謎團或加以解釋。也許我死了，也許沒死。

我真的不知道。

但我確實知道我這一生已死過無數次。當我還是一個茫然無助的少年時，我在一家魔術商店死過一次。那個以父親為恥並畏懼他，並且揍了他父親一拳、雙手沾上他的鮮血的青年，在他離家去上大學那天也死過一次。雖然我在發生車禍時並不知道，但日後那個傲慢自大的神經外科醫師的我，將來也還會再死一次。我們這一生都可以死千百次，這是活著最好的禮物之一。那天晚上死去的我，是露絲的魔法使我以為我天下無敵，以及我在這個世上是孤獨無依的信念。

當時我感覺有一道溫暖的光，以及我和宇宙合而為一。我被愛包圍，雖然它沒有改變我對宗教的信念，但它讓我深信今天的我們不一定是明天的我們，我們和宇宙萬物及每一個人都息息相關。從醫院的病床上甦醒後，我想到我遠離那輛橘色的腳踏車，以及我在魔術商店度過的暑假有多麼遙遠。我當時不知道的是我還有多遠的路要走。看到露絲在河岸上，感受到愛和許多人的連結，或許就是在提醒我，我已遠離露絲嘗試教導我的要點。但那要等到又經過許多年，並犯過許多痛苦的錯誤之後，我才會明白。

(9)

蘇丹的泡影

二〇〇〇年，加州紐波特海灘

一天早晨醒來，我的身價是七千五百萬美元。我手上並沒有真正持有這些錢，事實上，我不曾見過它，但它存在一個比銀行更有影響力的地方——我的心。

我單身。當時已結過婚又離婚。成為神經外科醫師後長時間工作及追求財富與成就的結果，使我無法成為一個好丈夫或女兒的好父親。據說，醫師的離婚率比一般人要高出百分之二十，神經外科專業人員的離婚率又更高。我也未能免俗。

我伸出一隻手，擱在身旁那個溫軟的肉體上。她叫艾莉森，或者叫梅根，我記不得了，但她的皮膚摸起來溫軟、光滑、柔細。她翻過身時我聽到她的喃喃囈語。

我安靜地下床走到樓下。我需要咖啡，我需要察看股市在我睡覺的這段期間又漲了多少。我打開電腦，等待螢幕甦醒。我四十四歲了，打算第二年退休。我在紐波特海灘的生活與在蘭開斯特已不可同日而語。這時的我已是加州橙縣最成功的神經外科醫師。我住在一處可以俯瞰紐波特灣的峭壁上，我的房屋占地七千五百平方呎，我的車庫不但有我少年時期夢寐以求的保時捷，還有一部Range Rover、一部法拉利、一部BMW，和一部賓士車。

我已擁有我的願望清單上的每一項，而且更多——多更多。

幾年前，我的一個朋友告訴我他的一個科技構想，這種技術不但能徹底改革放射線療法，並且能治療腦部的實質固態瘤。他剛結束他的住院醫師任期，已接受史丹佛大學的一個職務，他打算將這個概念從一個單純的構想轉為事實。他已成立一家公司。我對它留下非常深刻的印象，因而成為第一批投資者中的一個。我告訴他，我要把史丹佛以外的第一部機器設在紐波特海灘。我當時不知道，一次互動竟能改變我的生命軌跡，我果真把第一部命名為「電腦刀」（CyberKnife）的新機器設在紐波特海灘。我還告訴另一位擁有龐大家族財富的醫師朋友，這個科技定能改變世界。他相信了我，不僅買了他的第一部機器，還為它蓋了一間房屋，連同核磁共振造影機及電腦斷層掃描機一起合併使用。他本著我的熱心和我對這項科技的信念，投資了數百萬美元。當時，這個設備還沒有獲得食品藥物管理局的核准，也沒有可以用來付費使用的條碼。他投資兩年之後，這家製造商愛可瑞（Accuray）公司就因經營管理不善和沒有能力籌措適當的資金而實際破產。又過了幾年，他們仍然沒能取得食品藥物管理局的核准，業務完全停頓。為了籌措資金，公司已後繼無力，不僅在矽谷，並且在全美國都無法籌措到更多資金，情況極不樂觀，那些對這項科技的潛力有信心，以及投入數百萬資金的人都將蒙受損失，世界也會失去這個了不起的科技。我必須做點什麼，我決定要拯救這家公司。

我沒有什麼傲人的企業背景，但我當住院醫師時，曾發明一種用來監測腦部活動的電極並銷售到全世界。但這次不一樣，這是重要時刻。我告訴我的朋友我有個計畫。我不知道他是否相信我幫得上忙，或他別無選擇，但無論如何他鼓勵我。公司從六十名員工裁減到只剩六個人。我承諾私人資助公司的同時，一邊想著如何拯救它。當時我並不知道該怎麼辦，但命運自有安排，有一天我在四季飯店的酒吧喝酒時，答案出現了。四季飯店當時位於紐波特海灘的時尚島，我在等候一位共進晚餐的女性時，與坐在旁邊的一個人閒聊，我告訴他電腦刀的現況，以及這種科技如何能拯救數十萬人的性命。我需要找個人來投資，使它繼續生存下去。結果他不但協助我重整公司，而且籌募到一千八百萬美元資金。問題是，這位主要的投資人的唯一條件是，我必須擔任公司的執行長。我不但賣給他們概念，還把自己也賣了，成為關係著公司成功與否的重要因素。為此，我走出我在紐波特海灘極為成功的私人診所，成為公司的執行長——一個我缺乏經驗、也沒有專業知識的職務。我唯一具備的是我絕對相信我可以拯救這家公司，以及我必須拯救這家公司。

十八個月之後，公司徹底整頓重建，不但獲得食品藥物管理局核准通過，公司估值也從實際破產遽增為一億美元。這段期間我見過許多人，包括多位在矽谷創辦公司的風險資本家和企業家，他們都以為我有什麼不為人知的魔法，不但重整了愛可瑞公司，而且使它轉虧為盈。我沒有。我試著告訴他們我什麼都不懂，但他們不斷要求我投資，或加入他們公司成為他們的股東，或至少擔任他們的顧問。那些投資與關係使我逐步涉足股票市場，買進大量的股票。到了西元二〇〇〇年，網際網路公司的熱潮到達頂峰，網路公司的公開發行股票比黃金更值錢，拿到任何一家銀行都可以用來保證信用貸款。

我的電腦終於連上線了，我察看我的財產，我的財產依然超過七千五百萬美元。小時候我夢想賺到一百萬美元，但賺進第一個百萬元的興奮感比不上第一個七千五百萬元。我發了。我關掉電腦，凝視著窗外廣闊的藍色太平洋。

屋子裡很安靜，那個梅根或艾莉森還在睡覺，但我不想跟她分享這個消息。想到她不免讓我有點傷感。我們彼此不了解，我知道她是藥商公司的業務代表，她知道我富有，橙縣最好的餐廳有專為我保留的私人餐桌。她昨天晚上和她的一群朋友找上我，我們喝了不少伏特加與香檳，我問她為什麼如此狂飲，她只是笑著說她覺得我很棒。我知道她有心事，但她不願意告訴我，而且她似乎也沒興趣聽我的故事。於是，如同我和其他許多女人共度的夜晚，我們同意假裝我們之間有不存在的親密關係。我們分享我們的肉體，但不分享我們的心靈或透露複雜的心事。這讓我感到寂寞與空虛，但我早在很久以前便學會如何漠視我腦中的質疑與失望的聲音。

我已擁有夢想中的一切。人們尊敬我，對我百依百順。我不久前才答應買下紐西蘭的一座私人小島，並且電匯了頭期款。我在舊金山有一間頂樓豪華公寓，在佛羅倫斯有一幢可以俯視老橋（Ponte Vecchio）的別墅。我的財富遠遠超過我最大的夢想，我在醫學界或企業界的成就傲視群倫，但寂寞是一種我不能承受的享受。

我計畫退休後將一部分時間用在第三世界國家，貢獻我的醫療服務，其餘時間往來舊金山、佛羅倫斯與紐西蘭。如果感到少了些什麼，我不會擔心，無論如何，我都能在旅途中找到。

艾莉森或梅根自己找下樓來，我們尷尬地等待著我為她叫的計程車來接她。我早已和律師約好見面，接著我要前往紐約洽公。我答應回來後打電話給她。她把她的電話號碼寫在一張紙上。我們公式化地互相吻別後她離開了。我拿起那張紙，收進廚房的一個抽屜。她在電話上方寫了她的名字，她不叫艾莉森，也不叫梅根。她的名字是艾蜜莉。但其實無所謂，我們倆都知道我允諾打電話給她是一句謊言。

兩名律師禮貌地將我迎進辦公室。我的一個投資人朋友向我推薦這家律師事務所，因為外傳他們負責處理汶萊蘇丹的美國持股。我不知道這是否屬實，因為按理說，他們的客戶身分應該屬於機密。我的會計師勸我設立一個不可撤銷公益信託，將某些持股轉為公益用途來減輕稅務。這家法律事務所會草擬這份文件。

「我們看了你的投資組合，多堤醫師，你有相當多的持股，」律師說，「公益信託種類繁多，你有和你的會計師討論過嗎？這對於一個像你這麼高身價的人來說，可不是一個小小的考量。」

他的話我聽進去了。一個像我這麼高身價的人。我深吸一口氣，聽見腦後有個聲音在質疑我到底想對誰證明我的身價——對我自己，還是對全世界？

「討論過了。他建議我設立一個不可撤銷信託基金。」

「那麼你明白這種信託的法律後果嗎？」第二位律師問。

「不能更改？」我打趣說。

企業律師都缺乏幽默感。「為了立即節稅，它必須不可撤銷。意思是一旦成立，你就不能更改信託或收回財產。在這個案例中，我們指的是愛可瑞公司股票。」

我早已決定捐出我的愛可瑞公司股票。它不是我最值錢的股票，但也有價值數百萬元的潛力。我打算將它的大部分股票配給杜蘭醫學院，一部分給史丹佛大學，因為我已成為史丹佛大學教授，而且電腦刀也是在史丹佛研發的。這時我的哥哥已死於愛滋病，因此我也計畫捐出部分股票資助愛滋病防治計畫，以及多項協助弱勢兒童及貧困家庭的慈善團體與公益計畫。

「我明白。」我說。

「如果你覺得永久性讓你感到不舒服，在你有生之年都可以將它改為可以撤銷。有些人會做這種選擇，但節稅結果會不一樣。」

「我要它是不可撤銷信託。」我說。捐出這筆錢對我而言非常重要，我不會改變主意。

「很好，」第一位律師說，「我們會草擬文件。」接下來的兩個小時，我們一起審查我的股票和我想捐贈的慈善機構。我終於有一種意義深重、慷慨大方的感覺，先前睡醒後的那種寂寞、空虛的感覺也消失了。

汶萊蘇丹也比不上我。

我搭頭等艙飛到紐約，住進皇宮酒店的套房。當時這家酒店剛好屬於汶萊蘇丹所有，我的一個好友負責管理，他的友情使飯店給了我一間大套房。我在紐約停留一週的高潮是會見一位避險基金經理人，他希望我和我的另一位投資人朋友資助他在矽谷成立的一家公司。他深信我們若能投資他的公司，它必定能成功。我嘗試勸他打消主意，說我真的不認為我們幫得上忙，但他以為我只是太謙虛。我說這句話的時候，我的投資人朋友在桌底下踢了我一腳。

我們針對可能的合作關係，以及對我所擁有的股票採取保護性保底措施進行磋商。那些股票價值數千萬美元，但市場謠傳這個熱潮不可能持久。為了對這些股票採取保護措施，我必須交付一筆事先約定、用來防止股市大跌的款項，但如果股市上漲，仍然可以以事先約定的價格將它買進，這樣買方才能得到好處。有幾個人早已勸我以這種方式避免投資損失。

我們在馬戲團餐廳見面，這家高級餐廳當時位於皇宮酒店。我們共飲特調的貝里尼和波希米亞賽德卡雞尾酒。這是一次正式會商，我們事先已協議他給我們百分之五十的公司股份，我們協助他籌措更多股權投資和提供策略性建議。雙方簡短討論了一下後，話題轉到我想保護的最有價值的股票：Neoforma公司股票。經過討論並對條件達成協議後，他讓我們檢閱一些文件以完成這次會商。

我的朋友一直默默地坐在旁邊喝了不少酒，這時他忽然脫口說道：「我們要百分之六十公司股份。」

顯然貝里尼特調酒使他對我們的能力或重要性有了一些新的看法，他決定我們必須擁有公司的多數股權。

「什麼？」避險基金經理人問，「我們二十分鐘前才同意百分之五十。」

「如果你想要我們的專業知識，那就百分之六十，否則免談。」酒精使我的朋友變得貪婪與不講理。他想趁機占便宜，我不明白他為什麼要這樣。我有百分之三十就很滿足了，當天稍早我也曾如此告訴他。

「我們已經談好百分之五十。」

「你再繼續說下去，我就提高到百分之七十五，不然就把你掃地出門。」他喊得很大聲，我發現其他用餐顧客都開始緊張地望著我們。

「你混蛋。」避險基金經理人說。

轉眼間情勢一發不可收拾，他們兩人都從座位上跳起來，我搶在他們揮拳之前擋在中間。在馬戲團餐廳用餐的顧客通常不會大聲嚷嚷幹架。我嚇壞了。

我們離開餐廳，第二天我便搭機飛回加州，心中很氣我那個投資人朋友，又擔心聯絡不到那位避險基金經理人，以便在電話中向他道歉。我一直設法聯絡他，但對方都說他不在，叫我有事轉告他的秘書。毫無疑問，他在逃避我。

我在紐波特海灘的家中來回踱步。我對整件事有個不好的預感。六個星期過去了，那個人才回我電話。

但為時已晚。股市大跌，人人自危。股價直直落，投資人動輒損失數百萬。雖然我們不懂，也沒聽過這個名詞，但網路泡沫化已大規模爆發。

我的淨值直線下跌，我看到財務報表時它證實了我早已知道的事實，七千五百萬財富沒了。

不但沒了，我還因為以股票估值向銀行申請信用貸款而負債數百萬美元。我已實際破產。

我僅剩的實際資產，也是唯一還有票面值的股票，是我從破產邊緣拯救回來並重建的公司：愛可瑞。

但那是不可撤回的信託基金。

我已一文不名。比一文不名更糟。

當我的銀行帳戶數字歸零時，我的所有朋友幾乎瞬間消失。免費招待的餐飲和頂級餐廳的貴賓席都沒有了。努力工作了兩年後——並且賣掉頂樓豪華公寓、汽車、別墅、取消購買紐西蘭小島——我依然負債。我一個月又一個月眼看著我辛掙來的一切消失了。我從少年時期便夢想、並在腦中觀想的所有金錢、權力和成就都沒有了，在一個大泡泡啵的一聲巨響後瞬間消失。

「別擔心，」我僅剩的幾個朋友中的一個說，「你可以再施展多堤魔法。」

它真的是魔法嗎？我所做的創業投資，以及後來的成就，似乎都只是僥倖而已。我醉心於積聚隨之而來的大量財富與權力，但最終我仍是個神經外科醫師，不是科技人。我懂一點投資，而且我擅長使事情從無到有，並說服別人也相信它。我懂得如何努力工作與專注，也懂得如何想得更多、更遠，並說服別人參與，這些都是我成功的秘訣，但在我心中，我最大的實力還是當一個醫師，而不是一個企業家。

我為我失去財富和我的生活方式而哀傷。我在紐波特海灘家中整理東西那天感到空虛、落寞，並且比往常格外感到孤單。我已失去我的婚姻，我沒有參與女兒的生活，我想不起任何一個我可以打電話傾訴的對象。我為了追求物質而忽略了關係，當我最需要朋友的時候卻找不到半個人。

清理屋子時，我在一個儲藏櫃深處發現我昔日的寶盒，自從上大學之後我就沒再打開它。我取出舊筆記本翻開，將我十二歲那年夢想一生中要擁有的願望清單再重讀一遍。我還寫了一些其他的東西，露絲教我的，以及她當時說過的一些有意思但我不太能理解的話。我的清單上的每一個夢想都實現了，但如今又消失了。

我是個恐怖的魔法師。

我將我和露絲相處的六個星期分成四個部分。**放鬆身體**、**調和心性**、**打開心胸**、**目標明確**。我在第三部分上頭寫了「道德羅盤」幾個字，並在後面打了一個問號，又寫了「你想要的東西不一定是對你最有利的東西」，我在這句話後面打了三個問號。

我在幾乎空蕩蕩的房屋內，在儲藏櫃前的地板上坐下，做了三次深呼吸後——長久以來的第一次——我開始放鬆我的身體。我專注在我的呼吸上，吸氣、吐氣，吸氣、吐氣。我感到我的心平靜下來。接著我全神貫注地打開心胸，把愛傳送給小時候那個少年的我，和長大後那個成年的我。我把心打開，接受我不是唯一蒙受損失的人的事實，我也對那些為了三餐、為了安身之處、為了照顧孩子而掙扎的人打開我的心胸。接著我觀想我的心靈之窗，發現窗外混沌一片，無論我多麼用力都看不到窗的另一面——我的未來——是什麼。自從認識露絲迄今，我頭一次看不到我未來想要什麼，以及我想成為什麼人。我不知道窗的另一面有什麼是我想要的。

那一刻，我知道我必須做一件事。我必須回到那間魔術商店，回到蘭開斯特。也許尼爾仍在那裡，也許露絲仍活著。我將我的筆記本夾在腋下，抓起我唯一剩下的一部車的鑰匙。我留下那輛保時捷，它是我夢想中的第一部車，也是我完全擁有的一部車。

從這裡到蘭開斯特只有數小時車程。

我可以在天黑以前抵達。

心的奧秘

10 捨得

如果我的一生是一部電影，那麼我抵達蘭開斯特時應該會發現露絲在魔術商店等我。露絲應該接近九十歲了吧？但她看起來肯定睿智多於羸弱。她會意識到我將去找她，然後對我說一些語重心長的話，協助我找出失敗的原因。

但人生不是一部電影，當我抵達蘭開斯特，把車開到昔日的魔術商店時，它已經不在了。整條商店街都不見了。我撥打查號臺詢問蘭開斯特的魔術商品店，但一個也沒有，不過附近的棕櫚谷有一位專門在兒童生日派對上表演魔術的魔術師，於是我撥電話給他。

「嗨，我在找一家過去曾在蘭開斯特營業的魔術商品店，」我說，「它的老闆名叫尼爾，但我不知道他姓什麼。」

對方沉默了一下。

「你是在找魔術師嗎？」那個人問。

「是的，他叫尼爾，他的店名叫『兔子仙人掌魔術商店』。」

「這裡沒有一個叫尼爾的人，我想你打錯電話了。」

我盡可能掩飾我的失望，「那麼，你有去過蘭開斯特的魔術商店嗎？」

「蘭開斯特沒有魔術商店，」他的語氣有點不耐煩，「你要去洛杉磯才能找到好的魔術用品店。」

「以前有一家，在六〇年代末期。我在想你是否知道這家商店或它的老闆的下落？」

「哦，我是一九七三年出生的。」

我嘆氣。沒辦法了。「無論如何都謝謝你。抱歉打擾你。」

「你知道，我記得我聽人說過蘭開斯特有一家魔術用品店，在八〇年代結束營業，那個人好像在製造紙牌什麼的，很有名，但我不記得他的名字。你可以去洛杉磯的魔法城堡試試看，有很多老人常去那裡。」

我再一次謝謝他後掛了電話。

我下車徒步往前走，發現我正走在當年我每天騎腳踏車往返魔術商店的路徑上，眼前的一切與往昔已大不相同，蘭開斯特如今更像個城市，不再是我童年時的偏鄉。我經過當年與那兩個小流氓對立的地方，它現在依然是一片空地，有幾個小孩正在那裡嬉戲。旁邊的教堂還在，有些東西依然沒有改變。我一路來到那年暑假我們居住的公寓建築，它的外觀大致沒變，只是更舊了些，甚至比我的印象中更老朽。我家公寓在一樓，那裡有一部腳踏車躺在門廊上，和三十年前我的腳踏車一樣。我繞到旁邊看我哥哥和我共用的房間，破舊的窗簾遮住一部分窗子，但我看到窗臺上有幾個人形公仔。我穿過如今泥土多於雜草的院子再靠近一點，發現那是美國隊長與復仇者聯盟的公仔。我記得我也將我的人形公仔陳列在這個窗臺上，只不過我的是特種部隊、動作隊長，及紳士密令的角色。我轉身去看我經常爬的那棵樹，小時候爬到樹上有時是為了逃避父母吵架，有時是想一個人獨處，有時是感到孤單而爬到樹上哭。我又繼續往前走，走到一片到處可見風滾草與垃圾的空地。舉目四望，我覺得自己彷彿又是當年那個少年，騎著我的腳踏車，滿心雀躍地趕去見露絲。我沿著當年的路徑穿過空地，冷不防被一陣響亮的汽車喇叭聲驚醒，回到現實。

我明白我並不是真的在尋找什麼，或為了什麼回到蘭開斯特。露絲並不住在這裡，她住在俄亥俄州——如果她仍健在的話。我甚至連她姓什麼都不知道。我慢慢走回停車的地方，心中有一種彷彿錯失什麼重要東西的感覺。我來這裡做什麼？

我到底在尋找什麼？

我的筆記本擱在乘客座上，我拿起來，開始重讀有關露絲的筆記。**心的羅盤**。底下畫了一條線。我不記得以前有畫線，但一定是我沒注意到。我還用紅筆在這幾個字兩邊都畫上星星。我繼續讀下去，其他的註記都沒有畫線也沒有星星，為什麼單單這一句？我閉上眼睛，試著回憶露絲說這句話的那一刻。那是我和小流氓對峙的那一天，我唯一遲到的一天，那天她告訴我要打開心胸。我想到我坐在裡面辦公室的椅子上，想到那個房間的氣味，又想到那些零星的話語，像歌詞又像詩句。

我們每個人在一生中都會遭遇到痛苦與困境。
我稱它們爲心的創傷。
如果你不理會它們，它們不會痊癒。
但有時我們的心受傷的時候就是它們打開的時候。
心的創傷往往爲我們帶來成長的契機。
困境。

神奇的禮物。

我睜開眼睛。我還記得那天我離開時的情景——露絲跟著我走到停車場。

「你知道什麼是羅盤嗎？」她問。

「知道，」我說，「它會指引方向。」

「你的心就是一個羅盤，它是你最好的禮物。詹姆斯，假如你迷路了，你只要把心打開，它永遠會引導你走到正確的方向。」

我讀寫在筆記上緣的另一行字。**你想要的不一定是對你最有利的。**露絲曾提醒我，她叫我在觀想我的願望之前要先打開心胸，然後明智地運用這股力量。我沒有這麼做。我是不是做錯了？我心想，我要金錢，但事實上，我有錢了，卻始終不覺得我已擁有足夠的金錢。我在許多年以前開始施展的魔法如今似乎結束了。我不停地表演一招又一招的魔法，掌聲不斷，表演也一直持續下去，累積越來越多的百萬元，但我依舊感到孤單、害怕、落寞，一如我初遇露絲的那一天。如果我真實面對自己，今天這些財富都消失了，老實說有一部分的我反而有如釋重負的感覺。

天下沒有永不謝幕的魔術表演。

第二天上午我被電話鈴聲叫醒。此時已過上午十點，我的床上沒有女伴，我也不必早起察看股市。昨夜我觀想我打開心胸，並請求我的心的羅盤指引我走到正確的方向之後便睡著了。我睡得很熟，多年以來睡得最酣的一次。

我的一個律師來電，他說他有重大的消息要告訴我。

「什麼消息？」我問。

「我重新檢查你的信託文件，發現它還沒有正式完成或歸檔，所以它沒有成立。為了某個原因，它一直沒有完成，我從檔案中也找不出任何特殊的理由，它只要有一點失誤就無法成立，問題出在於證明你的意願和打算撥給每一個慈善機構多少股票的備忘錄。我問過我們的資深股東，他說基於這些事實，你可以不必提供信託基金或完成這些文件。」

我坐在床沿上，心想難道魔法又像第一次房租在最後一刻出現那樣靈驗了嗎？我握著電話筒坐在床邊。

「詹姆斯，你在嗎？你有聽到我剛才說的話嗎？」

「我聽到了，」我回答，「謝謝你打電話來。」

「那麼，你希望我怎麼做？」他問，顯然對於我沒有像中樂透的人那樣雀躍而感到驚訝。我不知道那些信託股票究竟值多少錢，但我知道我什麼都不必做就又是一個百萬富豪了。

「我再回你電話。」我說，然後掛斷電話。

人性一個長久以來的迷思是，認為財富會帶來快樂，金錢能解決任何問題。我損失金錢，這是一個問題。現在有好一部分又失而復得，這也是一個問題，因為我已承諾將這些錢捐給公益團體。我的父親經常許下無法實現的諾言，而我早就發誓絕不做一個不實踐諾言的人。

我知道人們會諒解。沒有人會期許我在目前拮据的情況下仍樂於捐出僅剩的財富。沒有人會責怪我。事實上，其中兩個最大的公益團體的捐款辦公室主任告訴我，常有人在允諾大筆捐款後又食言，即便已經簽署文件。那是一個可被接受的事實。人的情況會改變，我的情況已經改變，我不再處於可以捐出數百萬美元的有利情況了。

是這樣嗎？

我閉上眼睛，想像我敞開心門。儘管我犯了許多錯誤，但我仍然把愛和寬容送給我自己。我把愛送給我的父母，感激他們盡了最大的能力。我把愛送給露絲，無論此刻她在什麼地方，因為她是我所認識最仁慈的人。我把愛送給每一個貧窮的孩子，或父母染上成癮的孩子，或孤苦無依、多少認為是他們的錯造成的孩子。我把愛送給每一個質疑自己的價值觀或意義的人，送給每一個以金錢來定義自己的人。我閉上我的眼睛，敞開我的心，感受到在此之前只經歷過一次的經驗——一種被溫暖與愛包圍的感覺……一種內心深處祥和寧靜的感覺，以及確信一切都會好轉的感覺——只不過這一次不是目睹我順著河流而下往一道白光奔去，身體卻躺在手術臺上流血。

我張開眼睛，拿起電話打給律師。「我要按原訂計畫簽署信託文件，把一切都捐出去。」

他說：「你是在開玩笑吧？」

「不，我不是開玩笑。就這麼辦。」

我掛斷電話時，我聽到自己說：「我的天。」然後就再也沒有任何聲音了。我的幾百萬美元雖然沒了，但我仍然是個神經外科醫師，我不會挨餓。以一般標準而言，我仍然是富有的，但我不會發大財。這是我重新出發、真正成為一個與金錢數量無關的有價值、有意義的人的時候了。這才是露絲想教一個少年的真正內涵，但有些教訓她沒辦法教，必須靠自己從經驗中學習。

我當時不知道，愛可瑞在二〇〇七年公開上市時市值十三億美元，而我的公益信託基金值三千萬美元。但即便我知道，我也不會改變我的決定。那一刻我有得到解脫的感覺，自由自在地跟隨我的心的羅盤，那是無價的。那隻緊緊攀附在我的背上，使我錯誤地以為金錢能帶給我快樂、金錢能帶給我主宰感的潑猴，忽然放開我了。我學會只有一種方式能使財富帶來快樂——那就是將它捨出去，我就自由了。

大腦有它的奧秘，但我決心找出心的奧秘。我在魔術商店展開的是往內心的探索，但我的探索還沒有結束，我知道我還必須向外探索。頭腦會希望我們區隔、分離，它會教我們和自己比較，分離自己，去擷取屬於我們的那一份，因為外界有太多可以分配的東西。但心會希望我們連結、希望分享，它希望我們明白沒有所謂的差異，最終我們都是一樣的。心有它自己的智能，如果我們向它學習，我們就會知道有捨才有得。如果我們想要快樂，我們必須給他人快樂；如果我們想要愛，我們就必須把愛送出去；如果我們想要喜悅，我們就要使別人歡喜；如果我們想要寬容，我們就必須寬容別人；如果我們想要和平，我們就必須在我們的周遭建立和平。

如果我們想要我們的傷療癒，我們就要去療癒別人。

我重新專心當一個醫師的時候到了。

露絲所說的心的羅盤，事實上是大腦與心臟透過迷走神經溝通的一種形式。研究結果顯示，心臟發給大腦的信號遠比大腦發給心臟的多更多。雖然人體的認知系統與情緒系統都具有智商，但從心臟到大腦的神經連結卻多過從大腦到心臟。我們的思想和我們的情感都有可能很強烈，激烈的情緒會抑制思想，在激烈的情緒影響下我們很難思考。但事實上，最強烈的情緒反而會引發深思熟慮或持續性的思考。我們往往區隔大腦與心，認為智商是理性的，而心是情感的，但歸根結底，智商與心都是整體智能的一部分。心臟周圍的神經網絡是我們思考與推理的一個重要成分。我們個人的快樂和我們的集體幸福都仰賴我們的智商和我們的心統合與協調。露絲對我的訓練有助於統合我身上的兩種智能——腦的智能和心的智能——但幾十年來我一直都忽略了我的心的智商。我以為我可以運用我的大腦使我脫離貧窮、引導我功成名就、帶給我極高的身價，但最終還是我的心給了我真正的財富。

大腦懂得很多，但一個簡單的事實是，當它與心連結時，它會懂得更多。

露絲當年教我的，如今有了正名，叫正念與內觀（Mindfulness and Visualization）。它們是讓你得到平靜、消除雜念，向內在探索的神奇技巧。它們可以增強專注力，幫助我們更快速作決定，但假如缺少智慧與覺察（打開心胸），這種技巧會使人只專注自我、自戀與自我孤立。我們的探索並不是只有向內，它也要和外界連結。當我們內觀、把心打開時，我們會與心連結，這個心會迫使我們向外與他人連結。我們的探索之旅是超越的，不是無止境的自我反射。股票交易員運用靜心冥想技巧是有原因的，這些技巧不僅能幫助他們更專注，遺憾的是，在某些情況下也能幫助他們更冷酷無情。這是露絲在教我觀想之前不斷提醒我的一點。是的，我們可以創造任何我們想要的東西，但只有心的智慧可以告訴我們什麼才值得創造。

現在全世界都普遍流行和孤獨、焦慮與抑鬱有關的疾病，特別是在西方國家，人與人之間的心靈溝通與聯繫都十分貧乏。調查研究結果顯示，有百分之二十五的美國人覺得他們沒有一個夠親近的人可以分享他們的問題。這表示今天你看到或遇到的四個人當中，就有一個人沒有可以傾吐的對象，而缺少連結正影響著他們的健康。我們天生具備社交的本能——我們已進化成彼此合作與連結——當這一環被阻斷時，我們會生病。研究結果顯示，我們與社會的交集越多，我們就活得越久，即使生病也可以更快痊癒。事實上，孤獨與寂寞使我們提早生病的危機遠大於吸菸。真正的社交對心理健康有巨大的影響力，它在身體健康方面的影響力甚至超越運動值和理想的體重。它讓你感到愉快。社交能啟動你的獎勵中樞，和吸毒、飲酒或吃巧克力有一樣的效果。換句話說，孤獨會使我們生病，社交會促進我們的健康。

捨去我僅剩的財產，我學會了我與露絲相處時因太年輕而無法理解的重要的一課。最終我頓悟到：改變與轉化你的生命、使它變得更好的唯一方式是轉化與改變他人的生命。這個頓悟是露絲教我這些魔法後一個華麗的結束。

露絲教我技巧與修持，但她花時間指導我，把她的時間和關愛給了我，她教我最偉大也最真實的魔法是——慈悲的力量不僅能療癒我們內心的創傷，還能療癒我們周遭人的心。

它是最好的禮物，也是最上乘的魔法。

(11) 心的字母表

二〇〇三年，密西西比州

任何事物從遠處看都是美麗的。重返醫學界後，我回顧我在紐波特海灘的生活，從每一個過失、每一個錯誤的轉折，以及每一個什麼才是最重要的錯誤見解中看見美。我在一九六八年告訴露絲的第一件事是我將來要當醫師，之後眼睜睜看著我所有的財富和我的朋友在一夕間消失後，我明白當醫師才是我最強有力的魔法。

網路公司泡沫化之後，我打不定主意該何去何從，或是否要繼續在史丹佛擔任神經外科臨床教授。那時我對企業行為的興趣已降到最低點。過去我曾擔任醫院顧問，為那些在神經外科方面遭遇困境，或有意發展卓越神經科學中心的醫院提供諮詢。我希望能有最好的神經外科醫療照顧，尤其是人口密集的窮困地區。

有一天，密西西比南部一所公立醫院忽然請我提供意見。由於那裡距離紐奧良只有一小時車程，而紐奧良是我很喜愛的城市，也是我就讀醫學院的地方，加上這是一趟免費旅行，因此我答應了。這所醫院是該地區主要的貧民醫院，因為酬勞很低，許多醫師都不願意去。此外，由一個龐大的醫院集團經營的一間私立醫院正在招攬許多專科醫師到他們的醫院行醫，這使得這所公立醫院的情況更為嚴重。它的問題是不但缺乏適當的腦神經外科，同時在腦神經內科、骨科及中風醫療方面都稍嫌不足。我評估現狀後向醫院行政部門解釋，他們對有潛力的醫師提出的價值觀有問題，他們必須向醫師說明，這些醫師都有機會成為使這所醫院發展成卓越的區域醫院的中堅分子。院方不單單要激發他們的自我價值感，也要激發他們第一次當醫師時所展現的……改變的能力。

建立這樣一所區域中心醫院需要龐大的經費。說明會結束後，理事會一致表決通過這個願景，成立一所神經科學區域轉診中心，前提是如果我同意主持這項計畫的話。這是一個領導大家共同努力，在一個真正有需求的地方產生重大影響的好機會。我在同事與朋友間查訪了一下，沒有一個人能理解我為何要主動離開北加的宜人天氣和一個重要的醫學中心與朝氣蓬勃的知識團隊。但多次探訪密西西比，會見許多優秀的人，又親眼目睹它真正的需要後，我決定接受這個職務。在很短的時間內，我便招募了一批有志於發展這座醫療中心的同僚。

在美國，有許多人對幾乎所有的醫療保健品質與效力頗有怨言，他們的國家雖然處於最後象限，但它有所有工業化國家（第一世界）中最昂貴的醫療保健和滿意度最低的病人。另外讓他們感到不滿的是，其他每一個工業國家都有效率更好、費用更低的全民醫療。

科學研究證實，少時貧困會大大影響一個人的健康和以後的將來。我因為親身經歷，所以對這一點非常了解，但是當我搬到密西西比後，現實又讓我再度體會到它的嚴重性。我記得有一天我被傳呼到急診室，看見一名兒童癲癇發作、毫無反應，必須插管幫助他呼吸。經過緊急掃描後發現，他的腦部右側顳葉有一大片東西壓迫大腦和腦幹的正常結構。我和這個孩子的父母交談，他們告訴我男孩的一邊耳朵感染已有一段時間，由於他們沒有醫療保險，只能把孩子送去免費診所給一位從業護士診治，但因護士開給他的抗生素效果不佳，孩子去看了好幾次，並且抱怨耳朵越來越痛，最後引發劇烈的頭痛。但他們沒有錢帶他去看醫師。前一天，孩子開始意識不清，他們以為是發燒的緣故。癲癇發作後，他的父母才把他送到急診室。為了送醫，他們不得不央求鄰居開車送他們到醫院，因為他們沒有車。

我走進診療室時，看見這個漂亮的孩子插著管子連接一臺呼吸器。他驚惶失措的父母陪在他身邊。我先自我介紹後迅速為他檢查，發現他的右眼瞳孔放大，左眼瞳孔也微微擴大。他沒有反應，檢查結果顯示他即將腦死。我告訴他的父母，我必須立即動手術拯救孩子的性命，請他們離開診療室。掃描結果顯示，有一大塊東西從他的右耳乳突區——包含耳道在內的部分腦殼——開始擴散到右邊顳葉。從孩子的病例明顯可知，他已從原本可以輕易治好的耳朵感染，發展成乳突骨感染，又蔓延到腦部造成腦膿腫。像這樣的腦膿腫在今天和這個時代已經很少見了。我立刻準備，在孩子身上覆蓋手術衣，剃掉顳葉區的頭髮，消毒皮膚，切開頭皮，在膿腫區鑽一個鑽孔，接著我將注射針插進去一抽，針筒立刻注滿膿液，多到我不得不連續更換三次針筒。

然後我把孩子送進手術室，但為時已晚，他已腦死。我離開手術室，走進候診室。孩子的父母站起來。我從他們的表情可以看出他們對於失望早已習以為常。我告訴他們我已盡力拯救他們孩子的性命，但仍然無法挽回，他已腦死，但他的身體在機器的協助下仍活著。

他們哀傷地哭泣，感謝我盡力援救。我又再一次為這些人生前沒能得到足夠的照顧而感到痛心。

一個孩子不該因為區區耳朵感染或沒有健保而喪失寶貴的性命。

幾乎兩年之後，卡翠娜颶風來襲，對於那些有能力離開的人，這是一個輕易的決定，但許多人沒有能力離開，他們留在遭到嚴重破壞、即使不是數十年至少也要好幾年以後才能恢復的災區。颶風過後，我猶豫不決，不知道我應該離開或留下來。我是來協助這個社區的，我也喜歡照顧真正需要幫助的病人，我們正在為這個社區建立一所永續的資源。

這時候我已再婚，娶了一個我在捐出愛可瑞股票之前不久認識的好女人。我們生了一個兒子，但我的妻子發現她無法適應我長時間工作和每天面對卡翠娜颶風災後的殘破環境。最後我們決定，她帶著我們的孩子搬回加州，我則留在密西西比，每隔六到八週往返加州探望他們。

許多同事和朋友都不能理解為什麼我不和我的妻子永久離開密西西比。事實上，這雖然是一件容易的事，但我難以面對社區那些人，其中有許多人現在都成為我很親近的朋友，他們都相信我所提的將這所醫院建設成一所區域轉診中心的願景。我在這裡又多待了兩年，後來又持續參與中心事務若干年，終於使它成為我在許多年以前夢想的卓越醫療中心。我在完成一個比我自己更大的理想後離開那個地方。失去財富後，我許諾幫助他人，而這座為窮人服務的醫療中心，在某方面就像為我多年來爭逐財富與權力而做的補償。

在思索返回加州之際，我明白我很想回到史丹佛。我同時也在思索，露絲的教導為什麼會如此令人信服，然後我明白，這些教導的核心是把心打開，用心去行善和以慈心待人。我嚮往的一件事是研究大腦和心如何合作與互動，慈悲、善良與關愛會在人的腦部留下印記嗎？

重返史丹佛擔任神經外科教職後，我開始和心理學與神經科學同僚開會，討論這個領域正在進行的研究。結果發現，有少數研究員正著手進行創新的工作，研究慈悲心、利他心，及善心如何影響大腦的獎勵中樞，並對它們的周邊生理產生正面的影響。研究結果發現，慈悲與善念有益於人的健康。這項研究成為我的第一優先，我重拾露絲教我的技巧，並加以發揮，使它更有效地反映出我所學到的東西。我的筆記本在卡翠娜颶風來襲時已毀於洪水，但我經常在腦中重播我和露絲的對話，希望能在歷經數十載之後，從露絲教我的東西中得到新的體會。我沉浸在研究中，以科學來證明露絲教我的東西都是對我們有利的。我想研究打開 心胸的真正意義，並了解為何露絲強調這一點最重要。而就在我為多年以前的目標開列清單之際，我又列出另一張十個項目的清單，可以打開心胸的十件事。

我坐下來思考，一遍又一遍反覆閱讀，忽然發現它串連起來就是一個記憶口訣：CDEFGHIJKL——可以幫助我牢記我所學的每一方面，一個心的字母表。我持續修持許多年前我在魔術商店的辦公室裡所學到的觀想技巧之餘，又在每天早上默唸這個心的字母表，展開新的修持。先放鬆身體，讓心平靜下來後，我會背誦這個字母表，然後從這十個項目當中挑出一項作為我這一天的生活目標。我在腦子裡一遍又一遍默唸，發現它使我在行醫與做人方面都更專注。

心的字母表

C：慈悲（Compassion）是以一種希望減輕痛苦的心去看他人的痛苦。但對他人慈悲，你也必須對自己慈悲。許多人吹毛求疵、苛刻自己，不能像他們對待別人那樣友善對待自己。一個人只有對自己真正友善，才有可能愛別人與善待別人。

D：尊嚴（Dignity）是每一個人與生俱有的，應該被承認與了解。我們常以一個人的外表、談吐或行為評斷他們，但這樣的評斷是負面的、有過失的。我們看一個人時應該這樣想：「他們和我一樣，他們想要的東西和我一樣——快樂。」我們看別人後再看自己，我們就會想去關心他們、幫助他們。

E：平常心（**Equanimity**）是即使遇到困難也要保持心平氣和。得意的時候和失意的時候都要保持平常心，因為在得意的時候人會想延續或留住那種興奮的感覺，但想留住美好的感覺和想逃避痛苦的感覺都會分散我們當下的注意力。留住得意的感覺是不切實際的，也不可能，而且只會帶給你失望。所有情緒的起伏都是短暫的，只有心平氣和才能使我們看清我們的心和我們的目標。

F：寬容（**Forgiveness**）是一個人能給他人的最好的禮物，也是我們能給自己的最好的禮物。以憤怒或敵意對待你認為虧待你的人常被比喻為如飲毒酒，希望毒死對方。這是錯誤的，其實被毒害的反而是你自己。它毒害你與他人的互動，它毒害你的人生觀，到頭來，它會把你關進牢籠，你手上握著鑰匙卻不願意把牢門打開。事實上，我們一生中都曾經虧待過別人。我們是意志薄弱而脆弱的人，在生活中常因未盡理想而傷害到別人。

G：感恩（**Gratitude**）是體認到你的人生是幸福的——即便遭遇痛苦與困境。你很容易看到世上有多少人在受苦，有多少人處於毫無希望改善生活的境況。我們經常——尤其在西方社會——互相嫉妒或羨慕，但只要花一點時間去感恩，就會大大影響你的心態……你會忽然體認到你是幸福的。

H：謙遜（**Humility**）是一種許多人很難做到的特質。我們會對我們的身分或我們的成就感到驕傲。我們會想告訴他人，或向他人展示我們有多麼重要，我們比某某人更優秀。事實上，這種感覺正好證明我們缺乏安全感，我們在尋求外在價值的認可。但這樣做會使我們與他人產生隔閡，如同被單獨拘禁在一個孤立無援的地方。只有當我們認清每個人都和我們一樣具有正面與負面的特質，只有當我們平等看待對方時，我們才能真正與他人連結。這種以共同人性為基礎的交流能讓我們自在地敞開我們的心胸，無條件關懷別人，平等看待對方。

I：正直（**Integrity**）必須確立目標，必須定義出什麼是你認為最重要的價值觀。意思是你要在你與他人的互動中始終如一地持守這些價值觀。我們的價值觀很容易瓦解，如果我們向我們的正直妥協一次，往後就會更容易持守。但很少人一開始會確立這樣的目標。我們要隨時提醒自己，並勤加守護。

J：正義感（**Justice**）是一種認知，知道我們每個人內心都有一種希望看到事情做得公平合理的欲望。當我們擁有資源和特權時，比較容易有正義感，但我們還必須為弱者和易受傷害的人主持正義。為容易受傷害的人尋求正義，照顧弱者，布施窮人，這都是我們的責任。這是我們的社會和我們的人性的定義，能為人帶來生命的意義。

K：善念（Kindness）是對他人的關心，常被認為是慈悲心的活性成分，一種關懷別人而不求個人私利或不欲人知的欲望。令人驚訝的是，現代科學研究結果顯示，你的善行不僅能利益接受你關懷的人，也能利益你自己。善行會像漣漪一樣擴大，使你的朋友和你周遭的人也變得更慈善。它是一種社會感染力，能使我們的社會變得更好。善念最終會以它所引發的美好感覺回歸到我們身上，而他人也同樣會以善念對待我們。

L：愛（Love）是當你不求回報地付出愛時，它會改變每一個人和每一件事。愛包含所有美德，愛能治好一切創傷。基本上，使我們痊癒的不是科技也不是醫藥，而是愛。愛使我們具有人性。

✦✦✦

這個記憶法將我和我的心連結在一起，使我敞開心胸。它讓我每一天都有目標、有宗旨地展開一天的生活，在這一天當中，當我感受到壓力或感到無奈時，它會使我專注在我的目標上。它是我的目標的語言，我的心的語言。

假如露絲仍健在，我想她或許會發現我終於學會打開我的心，從而改變了一切。

心臟一天跳動十萬次，輸出兩萬加侖的血液流經錯綜複雜的血管，如果將這些血管頭尾相連，長度大約是六萬哩，是地球圓周的兩倍多。古埃及人相信人死後心臟（ib）仍活著，延續到下一生，它會通過這顆心的主人的最後審判。在古埃及，快樂這個詞是「awt-ib」，從字面解釋是「心的寬度」；不快樂是「ab-ib」，意思是「切斷或疏遠的心」。在許多文化中，無論是古代或現代，心都被視為靈魂的所在之處與精神的秘密居所。當我們讀到一個孩子失蹤的故事時，我們會心痛；當愛結束時，我們的心會覺得彷彿要破碎了，有時則真的破碎；當我們覺得被排斥、羞愧或被遺忘時，我們會感到心縮緊了，彷彿它自己封閉起來變小了。但在壓力之下，不管是強烈的愛也好，或強烈的痛苦也好，我們的心都能大大地敞開，迥異於以往。這點無論是在象徵意義或在現實中都是真實不虛的，事實上，確實有一種情況叫心碎症候群。

使我打開心胸的不是財富損失——我在失去日積月累的財富後，反而有一種如釋重負的感覺——而是長久以來禁錮我的心而形成的一股壓力終於使它爆開。露絲說過：「你想要的東西不一定是對你最有利的。」我一直錯誤地追求物質，但一顆長期被忽視的心，早晚都會讓你聽到它的聲音。

我還記得我曾答應露絲：將來有一天我會將這個魔法教導給他人。當時我並不知道該怎麼做，但我每天晚上都會全神貫注觀想，有時我看到自己穿著白袍擁抱一個痛苦的病人或家屬，有時我看到我站在講臺上，有時我觀想自己在和偉大的哲學家與精神領袖對話。儘管過去和現在我都是個無神論者，但我經常想起我與露絲相處的經驗以及我車禍後的經驗，發現我可以打開我的心胸，沒有教條的束縛，但仍明白有一種我無法解釋的、超越今生今世的東西存在。從許多方面來說，這也是她給我的禮物，我只需要接受，完全不需要解答。

我感覺我們每一個人都是連結的，當我看另一個人時，我看到我自己。我看到我的弱點、我的過失，以及我的脆弱。我看到人的精神的力量，看到宇宙的力量。我打從內心深處知道，是愛將我們結合在一起。達賴喇嘛尊者曾經說過：「我的信仰是慈悲。」現在它也已經成為我的信仰。

我向來關心他人，身為醫師，我更關心我的病人，但有目標的修持也會引發痛苦，有時痛苦會強烈到幾乎令人難以忍受，以致我有時無法如我所願地陪伴病人家屬或留在現場。但是當我像露絲教我的那樣真正打開我的心胸時，它的確改變了我對痛苦的反應。我不需要逃避它；我必須與它共處，正因為它的存在才使我得以和自己連結，並與他人真正的心連心。我與病人的關係改變了，我花更多的時間聆聽，我也試著對他們每一個人打開我的心。我聆聽他們的症狀，然後聆聽他們的心聲——不是用聽診器，而是用我的心。

聽診器是在一八一六年發明的，當時有位法國醫師因為不好意思將他的耳朵貼在一名女病人的胸口聽她的心跳與肺部（當時這是問診的正常行為），於是他將二十四張紙捲成一個圓錐筒拉開他們之間的距離。我認為醫師與病人之間的距離隨著時間的推移有增無減，但我明白，光是聽我的病人訴苦，光是付出我的時間、關懷與注意力給病人，他們就覺得舒服一點。我讓他們每一個人暢談他們的經歷，這樣我才能了解我的病人的奮鬥、成就及他們的痛苦。在許多案例中，這比我能開給他們的任何藥物更能減輕他們的痛苦，有時甚至比我的手術更有效。甚至現在我都告訴我的學生和我帶領的住院醫師，雖然神經外科仰賴大量的科技和精密設備，但我在神經外科方面最大的成功是用一顆開放的心關懷他人，並與我的病人同在。

另一個顯著的改變是無論我到什麼地方，我都把我見到的人視為跟我一樣：商店店員、醫院值大夜班的清潔工、站在紅綠燈旁拿著乞討招牌的婦人、開法拉利飆車的人。他們每一個人都各有各的道路，每一個人都有掙扎與痛苦的時候，從最貧窮的人到最富有的人，他們每個人都跟我一樣。

我開始放棄那個定義我的生命故事。我曾經以貧窮來定義自己，但只要我一直執著這個身分不放，無論累積多少財富，我依舊會活在貧窮的陰影下。我在每天的修持中對我的母親和父親敞開我的心胸，我因此找到寬容。我對小時候少年的我敞開我的心胸，我因此找到慈悲。我對我過去愚昧地為了證明我在人世間的價值而犯下的一切過錯敞開我的心胸，我因此找到謙卑。我從這裡明白，我不是世上唯一一個飢餓的人，我不是世上唯一一個害怕、恐懼的人，我不是世上唯一一個知道寂寞的滋味或感到孤獨和不同於他人的人。我敞開我的心胸，發現我的心有能力和它遇到的其他每一顆心連結。

它雖然令人疲憊，但同時也美麗與奇異。

12 體現慈悲

我一直很喜歡歌劇，卻說不出是什麼原因。儘管一個字也聽不懂，我卻常常感動到熱淚盈眶。也許是因為劇中強烈的情愫，勇敢地表達出超越語言的熱情。你不能用理智去推理或探索它，只能用心去感受。許多外科醫師會在手術室播放音樂，因為它能安撫病人或協助手術團隊專注與增強能量。研究結果顯示，手術前讓病人聽音樂能減緩他們的焦慮，並減少止痛藥與鎮靜劑的用量。和冥想一樣，音樂也能降低心跳、壓力和血壓。這種鎮定效果不但對病人有效，對外科醫師也有效。

對我而言，如果我在手術時播放音樂，通常我會調低音量，並在重要的手術階段播放古典音樂與療癒音樂。手術即將完成時，我會把音量調高，並播放搖滾樂。但我從不播放歌劇。手術時我就像一臺機器，我的病人在手術前也許需要同理心和情感的連結，但在手術期間，他們要的是我的技術、能力和關鍵性的決定，他們不要躺在手術臺上看我哭泣。他們要我關懷，但不容許關懷成為拯救他們性命的阻力。

茱恩是我離開軍中外科醫師職務，接了一個新的醫師職務後遇到的第一批病人中的一個。她靠演唱歌劇為生。她第一次旋風似地走進我的辦公室時，全身散發朝氣蓬勃的能量與和煦的精神。她喜歡穿高跟鞋，並且早早就告訴我，她不在乎我是一個多麼厲害的醫師，但她絕不會放棄她生平最愛的兩樣東西——歌唱與義大利麵——即便我告訴她這樣可以拯救她的性命。

茱恩是一個巡迴歌劇團的女高音，演唱歌劇是她的天職，也是她一生的至愛。每次看診時我們都會聊她最喜愛的歌劇——《阿依達》、史特勞斯的輕歌劇，以及《卡門》。我們的看診時間往往比一般人更長，因為我很喜歡聽她敘述她在世界各地演唱的故事。她喜歡感動觀眾。

「聽起來有點瘋狂，但我喜歡我的演唱讓觀眾聽了會哭泣，這樣我才知道我感動他們，這樣我才知道我和他們心連心。」

茱恩有嚴重的偏頭痛，神經內科醫師雖然能用藥物治療她的頭痛，但他無法治好一個緊鄰她的左腦島（left insula）——她的優勢半球中支配臉部動作的部分——動脈的大血管瘤。這是在診斷頭痛時經過檢查發現的，雖然不是引起頭痛的主因，但它不但可能奪走她最重視的能力，還有可能奪去她的性命。

「我到底有什麼毛病？」她說，「我可不要做任何傷害我的嗓子或歌唱能力的事，這是我最重要的東西。」

但我必須告訴茱恩這個壞消息。

這個腦動脈瘤因為直徑太大，必須迅速處理，我在多次看診時每每向她解釋。我認為事不宜遲，但茱恩需要一次又一次慢慢地對她解說詳細過程。雖然我做過許多次這種手術，但我還是鼓勵她再去找其他神經外科醫師尋求第二意見，包括一些經驗更豐富的同事。遺憾的是，有些神經外科醫師，即使是最嚴重的狀況也是以理所當然的態度解說治療方式和它所冒的風險。他們不了解，雖然醫師認為這是正常程序，但對病人及家屬而言，這卻是他們一生中最重大的事。她看過的其他兩位醫師都是同樣這種態度。她嚇死了，又回頭找我——她覺得他們只是在診斷她的病情，沒有考慮到她也是人。

茱恩需要多一點時間來接受這個過程，我盡量在她的情況許可範圍內給她時間。即便在我剛當上醫師時，我也明白花點時間與病人相處是醫療的一部分。畢竟，我們面對的是會顧慮、會恐懼的真人。病人不是故障的機器，外科醫師也不是維修機器的工程師。

我和茱恩談得越多，越發現她的焦慮漸漸消失了。她必須說出她的故事，她必須知道我把她的故事聽進去了，明白她也是人。我們逐漸培養出友誼，最後她告訴我她只信任我為她動手術。病人對你的能力有信心雖然是件好事，但是當病人變成朋友時，情況卻又不同了。她要手術的前一天送我一張她演唱她最喜愛的詠歎調CD。那天晚上我坐在我的書房，閉上眼睛聆聽她的歌聲。

茱恩手術當天早上，我選擇播放我小時候常聽的經典搖滾樂。她躺在輪床上被推進手術室時對我嫣然一笑。她從擴音器播放的歌曲中聽到「你只要愛」這幾個字，這也是她在麻醉昏睡前聽到的最後幾個字。麻醉之後，我們將她從輪床移到手術臺，我用有尖銳鋼針的頭鉗將她的頭部固定，感覺針刺穿她的頭皮和腦殼，然後我讓她的頭偏向右側，脖子略微伸展。我知道外表對她而言非常重要，因此我盡可能不要剃掉太多頭髮。我檢視血管造影，影像中顯示她的左腦動脈有個大泡泡，是長在動脈和中大腦動脈的分歧點上的一個動脈瘤。我切開頭皮，撥開，露出頭蓋骨。頭蓋骨通常是保護我們的，但在這裡它卻成為一個阻礙。我用顱骨切開器切開她的頭蓋骨，取下來小心放在消毒巾上。我看到她的硬腦膜——覆蓋腦部的纖維狀組織——知道那個動脈瘤就在底下，和她的心臟同步跳動。

萬一它破裂，她就有可能中風失語或喪命。

我緩緩打開硬腦膜，看到動脈瘤從額葉與顳葉之間的薛氏腦裂（Sylvian fissure）突出圓圓的一小塊。我開始進入真正的手術，戴上顯微鏡，用顯微刀切開表層的薄膜以便打開薛氏腦裂，再用血管夾鉗住動脈瘤頸。我必須將它和正常的血液循環分開。血管瘤現出後，我發現它的管壁像紙一樣薄。在顯微鏡的強光照射下，我可以看到血液在鼓脹、跳動的管壁內流動，隨時都有可能破裂。而且有部分管壁和瘤頸明顯地黏在附近的腦組織上，使它更不容易完好無損地分開。我持續緩慢地進行剝離動作，終於在黏住的瘢痕組織與瘤頸之間分出一條可以伸進血管夾的小通道，這個空間小到甚至不足一毫米，萬一稍有個差錯，它就會破裂了，我的失誤很可能奪走她最寶貴的東西——歌唱能力。我轉頭從各式各樣的夾子中取出一支血管夾置入施夾器，伸向那個跳動的、可能使她喪命的動脈瘤。這時我的腦海中忽然現起茱恩的臉，想到她的歌唱，聽到她悅耳的嗓音。然後我又想到萬一她癱瘓，不能言語或歌唱。我握住血管夾的手立刻開始發抖，不是輕微的顫動，而是顫抖。我沒辦法下手。

她是我的朋友。她告訴我她的嗓子是她在世上最重要的東西，我已向她保證不會有事，我已向她保證沒有問題。

外科醫師在手術期間想到病人人性的一面是很嚴重的一件事。你必須全力以赴，一定要將病人物化，如果你想到這個人可能會發生什麼情況，你就無法下手了。這個影響太大，我感到害怕。我還是第一次遇到這種狀況。

我的雙手因為顫抖得太厲害，不得不暫停並且坐下。我閉上眼睛，將注意力集中在呼吸上，緩緩吸氣、吐氣，直到我能騰出思考空間不再一直害怕下去。我曾經打開我的心胸，曾經信賴我的外科手術技術與能力。我是個優秀的醫師，一個無可置疑的技術專家。這種流程我已做過許多次，是我專精的技術。這樣一想，我的恐懼消失了，我又回到立定我的目標的平靜狀態。我可以在我的心靈之窗看見血管夾被置入定點，阻斷那個動脈瘤。於是我回到茱恩的頭蓋骨打開的地方，將顯微鏡的焦點對準血管瘤，將血管夾緩緩探入那個小隙縫，到了定點後慢慢地鉗住瘤頸，接著我將針頭扎進圓形動脈瘤，抽出裡面殘存的血液。它沒有再繼續膨脹。這個怪獸死了，不再構成威脅。茱恩又能演唱了。我緩緩縫合硬腦膜，再蓋上骨片，然後縫合頭皮。最後為她的頭部傷口敷上敷料時，我才意識到擴音器正在播放手術開始時的那首歌曲〈只要有愛〉。

對茱恩做了拔管處理後她被送去恢復室。我疲憊地坐下，閉上眼睛，幾分鐘後才開始寫報告。我想到茱恩，也想到我的手顫抖。這時我忽然聽見茱恩的聲音：「多堤醫師在哪裡？我要跟他說話，我現在就要跟他說話。」

我走過去，握住她的手。「嗨，茱恩，妳好嗎？」

她深深凝視我，看到了她想看的。「好，好，謝謝你。」然後她伸手擁抱我，接著開始哭泣。她知道她沒事了。

幾個鐘頭後我離開醫院，在車上播放茱恩前一天送我的演唱CD，音樂開始時，我開上高速公路朝家的方向歸去。

車內一時間充滿茱恩演唱《卡門》的詠歎調Habanera——〈愛情是一隻狂野不羈的鳥〉的歌聲。我調高音量，搖下車窗，讓風吹在我臉上。茱恩可以用她的歌聲觸動人心，雖然是錄音，她一樣可以與人連結。

我們都有這種與人連結的天賦與能力，無論是透由音樂、藝術或詩歌，或者只是聆聽他人的心聲，有數以百萬微妙的方式讓我們的心彼此交談，而茱恩則是以美妙的歌聲和我心連心。

她的歌聲美得讓我心疼。我任由我的思緒游離，想到萬一手術不順利，茱恩會有什麼結果。想著想著，我不禁熱淚盈眶。我為她能繼續與世人分享她的才華而感恩，而感恩的心念又引來更多的淚水。我不會唱歌劇，但我仍然可以感受到歌劇對她的意義有多麼重大。想到這裡，我很想趕快回到家，很想擁抱我愛的人。而且我很感激，感激我能幫助茱恩，感激我是個醫師。

打開心門生活也許會受傷，但一定比把心封閉起來的傷害來得少。我依舊努力在必須當一個冷靜客觀的外科醫師，以及決心與他人連結二者間取得協調。

我發現我常想到露絲，真希望我可以問她小時候曾經問過的同樣問題：為什麼？有那麼多人，為什麼露絲單單找上我？露絲並不富有，她也有她自己生活上的問題，但她的心胸是敞開的，她看到一個需要幫助的人，於是想辦法去幫助他。我不免臆測，那些有能力卻不願伸出援手的人內心如何掙扎？而那些物質不充裕卻願意捐出一切給更不幸的人又作何想？為什麼有些人——好比露絲——樂於幫助別人，有些人對受苦的人卻視若無睹？

這些都不是無所事事的反思，我開始投入審慎的科學研究，和其他正在探討相同領域的人合作。我已探索大腦的奧秘，現在我要致力於嚴謹的學術研究與硬科學來探索心的奧秘。

就我所知，慈悲是一種本能反應，或許也是我們與生俱來就有的。近年來的科學研究顯示，即使是動物也會竭力幫助牠們受苦的同類，甚至不同種的動物。猴子受傷時會互相照料；貓頭鷹雛鳥會分一點自己的食物給同一個鳥巢內的手足；一隻海豚甚至幫助過一頭被困淺灘的座頭鯨。我們人類更是天生具有慈悲心。我們的大腦天生就有互相幫助的欲望，小至從剛在學步的幼兒就能看出這種想幫助他人的欲望。

我們的腦部有個部分稱作中腦，或稱導水管灰質區（periaqueductal grey matter），它和眼窩額葉皮質（orbitofrontal cortex）連結主導撫育行為，當我們看到別人痛苦或受煎熬時，會激活大腦的這一區。意思是我們天生就會去撫育及幫助其他亟需幫助的人。同樣的，當我們對他人付出時，它也會激活腦部的快樂中樞與報酬中樞，甚至比我們從他人接受還更強烈。而當我們看見有人行善或幫助別人時，它也會促使我們展現更多慈悲心。

許多人誤解達爾文，以為適者生存指的是最強壯與最殘酷無情的物種才能存活下來。但事實上，最善良與最合作的物種才能長久生存。我們演化成會合作、教養、撫育依賴我們的孩子，大家一起繁榮發展，人人都能得利。

那天我為茱恩而哭泣，如同我為其他病人哭泣一樣，但從那以後我再也不曾因情緒激動而中斷手術。關心他人的痛苦或為他人的痛苦感同身受無需羞愧，這是美好的，而且我認為這正是我們這一生都同在的原因。

寫這本書時，我查出露絲已在一九七九年因乳癌病逝。我雖然再也找不到答案，但我相信露絲一定會為我戮力探索我自己的心和他人的心而感到驕傲。我認為她會理解我想用科學來證明那些她早已知道是人的本能的事。當我們的大腦和我們的心協調一致時，我們會更快樂，我們會更健康，我們會自動向他人表達愛、友善與關懷。我知道這是本能，但我必須以科學來驗證。這是我開始研究慈悲心與利他主義的動機，我想了解我們為何演化出這種行為的過程，以及它如何影響大腦，最終影響我們的健康。初步證據顯示它有重大的正面影響。我的目標是參與一個已在這方面展開研究的小型團隊。我個人已經知道它的效應，但仍思考我們是否能透過這個知識來改善人們的生命。我能有所貢獻嗎？

在此之前，我已偕同幾位神經科學與心理學同事展開一些初步調查，結果令人振奮。我們甚至每隔數週集會討論最近的研究與可能的未來計畫。我們稱這項非正式研究為慈悲研究計畫（Project Compassion），最早是由我個人提供研究經費。有一次開會時，有人提起達賴喇嘛尊者，原因是有個著名的研究中心是在他的鼓勵下成立的，目的是研究靜心冥想與慈悲心對大腦的影響。幾天後我行經史丹佛大學校園，腦海中忽然跳出達賴喇嘛的影像。我心想，如果能請他來史丹佛跟我和同事們會談慈悲心不是很好嗎？有趣的是我不是佛教徒，除了知道達賴喇嘛曾在二〇〇五年訪問史丹佛，以成癮、貪求與痛苦為題發表演說外，我對他所知不多，但我卻無法排除邀請他再度來訪的念頭。我查出他在二〇〇五年的訪問是由醫學院院長夫人提議的，她非常推崇達賴喇嘛。她告訴我，負責引薦的是一位在史丹佛任教的史丹佛西藏研究計畫（Stanford Tibetan Studies Initiative）學者。我與他聯絡，他非常興奮，建議我去找達賴喇嘛的英文翻譯圖登・津巴（Thupten Jinpa）。圖登・津巴過去曾是西藏僧侶，擔任達賴喇嘛的私人翻譯長達二十餘年。我和他通過電話後，他安排我在二〇〇八年達賴喇嘛訪問西雅圖期間與尊者會晤。

就這樣，我見到了達賴喇嘛。

史丹佛還有幾位代表陪同我一起前往西雅圖——一位醫學院代表、史丹佛宗教生活（Religious Life）辦公室主任、史丹佛神經科學學會（Stanford Neurosciences Institute）會長、最初幫我聯繫的那位西藏研究計畫教授，以及一位後來的贊助者。隨行伙伴聲勢浩大，是我當初動念邀請達賴喇嘛前來演講時始料未及的。

我們在尊者下榻的飯店與他會晤，經過引見後，我向尊者解釋我對慈悲心的興趣及我本人的神經外科醫師背景。我告訴尊者，我們不久前已針對慈悲心展開初步研究，很希望能邀請尊者蒞臨史丹佛發表演說。尊者針對這項研究與慈悲學提問了幾個頗有深度的問題，我一一回答後，尊者看著我，含笑說：「好的，我會來。」

當面會晤達賴喇嘛是一個非比尋常的經驗。他所散發的絕對無條件的愛，使人感覺如同長時間憋氣之後，再做一個深呼吸那樣通體舒暢。你不需要偽裝成任何人也會被全然接受。那是一種非常深刻的感覺，很難用言語形容。旁邊一位僧人立刻拿出一大張分類紙，從行事曆中尋找空檔好安排演講日期。這時達賴喇嘛忽然以藏語和他的翻譯展開熱烈的討論，有好一陣子，史丹佛訪問團只是沉默地呆坐一旁。我是不是說了什麼令他不悅的話？我在無意中觸怒了達賴喇嘛？他們在討論什麼？

我開始冒汗，心裡有點焦慮。

藏語交談忽然中止，尊者的翻譯津巴轉頭對我說：「詹姆斯，尊者被你的用意和你的努力感動，希望以他個人名義贊助你的研究。」

他說出一個數額，我聽了目瞪口呆。這實在是太不可思議、太令人意外了。達賴喇嘛有他可以自由支配的書籍版稅收入，通常用來資助藏人或相關計畫。他過去雖然也曾小額贊助多項不同的計畫，但這次捐款是他歷來贊助非西藏因素中數額最大的一筆。會晤結束時，我們都有飛上雲霄的飄飄感，達賴喇嘛尊者不僅答應蒞臨史丹佛演講，甚至他本人也成為我們的贊助人。這實在太神奇了。事後一位此行的成員告訴我，基於尊者對我的熱情回應，他覺得他也應該捐款贊助這項研究。又過了一個星期，一位我曾經見過、對我的研究很感興趣的谷歌工程師打電話給我，表示他有感於達賴喇嘛的贊助，他也要捐款。最後，他們三位都捐出為數不少的款項。原本是一項非正式的計畫，如今由醫學院院長出面，在神經科學學會會長及我所屬科系的系主任支持下，正式成立為慈悲與利他研究暨教學中心（The Center for Compassion & Altruism Research & Education，簡稱CCARE）。同樣不可思議的是，曾經是西藏僧侶、後來取得劍橋博士學位的圖登・津巴，也因此成為我們的親密友人，在往後的三年中，他每個月撥出一個星期時間協助我們建立今日的慈悲與利他研究暨教學中心。他同時偕同幾位心理學同事協助我們成立一項培養慈悲心的訓練計畫，如今已教導數千名學生，我們仍在持續研究它的成效。同時我們也訓練了許多指導員，他們再將這種訓練的力量帶到世界各地，無疑在未來若干年內將影響更多人。

慈悲與利他研究暨教學中心成立迄今，已被公認為慈悲與利他研究領域的開拓者與領導者，並大力推廣慈悲與利他行為在個人生活、教育、企業、醫療保健、社會正義，以及民間政府各方面的顯著效果。我們希望它能成為一座燈塔，以個人的力量去影響其他人的生命，並進一步在實際生活中呈現這些行為在健康、幸福與長壽方面的價值。

我自己就有以一己之力影響他人生命的經驗，因此我希望慈悲與利他研究暨教學中心也能啟發其他人認識這種力量。慈悲與利他研究暨教學中心是我體現露絲對我的要求——將她的魔法教導別人——的一種方式，而指導其他醫師則是另一種體現方式。

13 親見上帝的面

兩千五百多年前，被西方文化奉為「醫學之父」的希波克拉底要求他的學生行醫必先發誓恪遵最高道德標準。許多人記得一句拉丁文格言——「以無害為上首」——是醫藥業的核心教條，並認為這句話來自希波克拉底。但事實不然，咸認這個教義是十七世紀英國醫師湯瑪士・席登翰最早提出的，他寫了一本醫學教科書，一直被沿用了兩百年，因此有「英國的希波克拉底」之譽。

二十多年來，在美國和全球各地都沿襲著一項傳統，醫學院學生在一年級開學參加白袍典禮之前，都會先立誓服膺希波克拉底的格言。學生被授以白袍後就必須起誓，然後由一位醫界最高典範上臺致詞，歡迎學生們加入這個行業。

我從紐奧良的杜蘭醫學院畢業三十年後，當年在我沒有拿到大學文憑、學業總成績又比別人低的情況下，仍接受我入學的醫學院院長打電話給我，請我上臺對學生演說。我無法形容當我聽到這幾句話時內心的激動之情。我，詹姆斯・多堤，這個大學幾乎畢不了業、被告知申請醫學院是「浪費大家的時間」的人，竟然被邀請在我的母校舉行的授袍典禮上演講，並且被視為未來充滿希望的醫學院學生的典範？

我不禁為我的人生際遇驚嘆不已。

人在回顧過去時很容易將生命中的點點滴滴串連起來，但是當你生活脫序時，你很難將這些點滴串連成美好的畫面。我永遠無法預測生命中的成功或失敗，但它們都使我成為一個更好的丈夫，更好的父親，更好的醫師，和更好的人。

我很認真扮演醫師的角色。露絲教我的那些技巧使我得以打開我的心胸，用善念與慈悲來調柔我耿直的脾氣。她的魔法不僅使我相信我可以進入大學和醫學院，而且給了我方法使我完成神經外科手術訓練——醫界最困難、最艱苦的住院醫師制——成為美國一所醫學院名校的大學教授。

這個魔法也給了我冒險的勇氣，使我相信無論結果如何我都能突破現狀。因為相信拯救生命的科技是如此重要，我才甘冒接管一家瀕臨破產的醫療設備公司的危險，使一切重新上軌道。我甚至冒險將我過去最想要的東西、我以為會讓我得到快樂並主宰我的生命的錢財布施出去。露絲的魔法使我明白，無論有錢沒錢，我都可以生活，而且事實上，我們都無法掌控我們的生命。過去我一直在追逐一種幻象，捨棄它反而使我得到最有價值的禮物：心清淨、生命的宗旨與自在。

和達賴喇嘛一樣，我的宗教信仰也是善念與慈悲。這是一種不需要神來批判我們或持誦冗長的教典經文的宗教。它同時也是一種不容許任何人自覺高人一等，且必須接受人人平等的宗教。這個宗教啟發我去研究慈悲與善念如何影響一個人的身、心健康與長壽。

準備演講內容時，我想起這些事，又作了更多的思考。我能給這些才剛踏上成為醫師的艱難旅途的學生什麼建言？我能給他們什麼可以奉行一生的價值觀？我想到露絲和她教我的那些我每日奉行的教誨；我想到那個對我而言力量是如此強大，我每天早晨醒來後必定背誦，而且經常一天背誦許多次的修心口訣；我想到我認識的那些教我如何關懷、如何去愛的病人；同時我也想到死亡，以及我們在這個世間的時日是多麼短暫。

我學會放鬆我的身體，平靜我的心，敞開心胸，觀想我希望顯現的未來。我知道我最希望看到的是一個不但人人不會彼此傷害，反而會互相幫助的世界。我學會利用我的心的羅盤指引我的道路，並且相信無論我走到什麼地方，那裡都是我必須去的地方。我學會我們基本上都有一樣的大腦、一樣的心，及一樣的能力去改變它們、轉化它們，利用它們來造福人群。我學會不以人的出身、職業，或財富多寡來定義他們。我也學會不這樣定義自己。我曾經認為我一定有什麼地方做錯了，我的環境才會這麼差。我曾經相信如果我沒有錢，我就毫無價值。但我後來明白，出身寒微不是我的錯，以這個來定義我自己才是錯誤的。每一個人都有他的價值與存在的意義，值得被尊重與尊敬。每一個人都值得愛，而且每一個人都值得享有一個機會，以及第二個機會。

我們每個人都有自己的故事，每一個故事都有部分痛苦與悲傷。我們任何時刻都可以選擇去看我們面前那些人是什麼樣的人，以及將來可能成為怎樣的人。露絲看到一個害怕與孤單的少年，但她也看到我的內心受到傷害。我們每個人都有創傷，我們每個人也都有能力去療傷。她幫助我癒合創傷，你也可以這樣做。我們永遠都可以付出愛。對一個陌生人微笑也許就是一個禮物；任何時刻都不去批評別人也是一個禮物；時時刻刻寬容——寬容你自己或寬容別人——也是一個禮物。每一個慈悲的舉動、每一次發心的服務，都是給這個世界和你自己的禮物。

我們正進入一個慈悲的時代。人們渴望了解他們在這個世界的地位及得到滿足與快樂的方法，同時他們也在尋找轉變的方法。露絲教我一種適合我的方法，這也許是她的智慧與善巧使它們得以展現出來。其他人當然也有他們自己調柔內心和打開心門的方法。今天它也許只是一個被慈悲激發的人性自覺的漣漪，但這個漣漪未來有可能演變成一場大海嘯。

我們正踏上一次心連心的探索之旅。它是敞開我們的心胸，迎接地球上的所有人類，承認他們都是我們的兄弟姊妹的行動之旅。我們要知道一個慈悲的行動會引發另一個慈悲的行動，並逐漸擴及全世界。最後，我們如何相親相愛、我們如何互相照顧，將是決定我們的星球與物種存活的重要因素。達賴喇嘛尊者說：「愛與慈悲缺一不可；沒有它們就沒有人性。」我明白，這句話在醫學界和生命方面都是真實不虛的，我要如何和這群即將從事醫職的年輕學子分享這些價值觀？

我走上杜蘭大學的禮堂講臺，望著臺下一千兩百位學生、教職員及他們的家屬。看到學生充滿期待的臉龐，使我想起自己多年以前也曾坐在臺下參加白袍典禮，遺憾的是我想不起來演講者是誰，也忘了演講內容。事實上，我唯一記得的是接受白袍與宣讀誓言。

我在激動的情緒下開始演說。我分享我的探索之旅，告訴他們我在小學四年級受到一位醫師，以及那位對我有信心的婦人露絲的啟發。我說，每一個人都有能力改變他人的生命，使它們變得更好——不僅僅是他們的病人，還有他們周遭的所有人，有時甚至只需要一個微笑或說一句好話。我告訴他們，雖然醫藥日新月異，但醫師依舊是個高尚的職業。接著我告訴他們心的字母表，並一一解說它的內涵。當我講到L和愛這個字時，我的聲音哽咽，忍不住熱淚盈眶。

「我們都不是生下來就有十全十美的人生，我們無法迴避殘酷的現實與痛苦，但我們也無法迴避同時具有一顆美麗的心。」我稍稍停頓，準備結束我的演講。我望著觀眾席上的一個年輕人，彷彿看到當年的自己。

「今天你們以一句誓言決定了你們未來要走的路，這條路將把你們帶到生命最深邃、最幽微的谷底，在那裡，你們會看到創傷與疾病如何摧殘生命。遺憾的是，你們可能也會看到一個人如何傷害另一個人，甚至更可悲的是，看到一個人殘害他自己。但它也會把你們帶到生命的最高峰，你們會在那裡看到原本以為不可能的柔弱力量的展現，疾病治癒了但你無法解釋。這是慈悲與善念的力量治癒了人的疾病。當你們展現慈悲與善念時，你們將親見上帝的面。」

我發現我因為太專心於傳達後面這幾句話，忘了注意觀眾的表情。演說結束時，我發現臺下有許多人在哭泣，我看看坐在臺上的同僚，發現他們也在流淚。這時我才明白我自己也已淚流滿面。整場觀眾忽然都起立熱烈鼓掌。他們不僅為我或我的心路歷程而鼓掌，他們也為共同走向更博大的慈悲和更偉大的人性而鼓掌。

許多人在講臺下等候，含淚向我道謝，告訴我我的演講使他們打開了心胸。

我想到我的生命，想到露絲，再一次體會到她那些教誨的力量和魔法的力量。它是我們每個人心中都有的力量，只等著被釋放。它是我們能送給他人的禮物。

我走出禮堂，感受到陽光照在臉上的溫暖。我停下腳步，閉上眼睛，讓自己享受這一刻。

還不錯。

我還可以。

我在一家魔術商店開始探索大腦的奧秘與心的秘密，但事實上，我們不需要走進一家魔術商店也能發掘它們。我們只要往自己內心去看，進入自己的心，就能找到它們。

現在該你去創造你自己的魔法，然後去教導別人。大腦和心聯手可以創造出最神奇的魔法，它不是幻術，也不是什麼手法。

這種魔法是真實的。

它是露絲能教我的最偉大的魔法，也是我能教你的最偉大的魔法。

致謝

我以史丹佛大學醫學院慈悲與利他研究暨教學中心（CCARE）創辦人兼中心主任的身分，多次分享我的童年故事，也分享策發我付出大部分時間與精力去研究慈悲與它改變生命的力量的動機。我分享的這些故事似乎引起許多人的共鳴，常有人問我，什麼時候我會把這些故事寫成一本書？我一直逃避這個懇求的原因有許多，部分是因為它需要花很多時間和精力，而我的工作已經十分忙碌。部分原因則是，我知道回顧這些往事常會把我帶回生命中最困頓與痛苦的時期。

但我後來改變了主意。那是我參加在南非開普敦舉行的屠圖大主教八十壽誕慶祝會時，很榮幸認識了創意設計師公司創辦人道格・亞伯拉姆。當時我並不知道他是屠圖大主教的文學經紀人，也不知道他參加過好幾次慈悲與利他研究暨教學中心的活動。他告訴我他從我的故事中得到許多啟發，並告訴我它們如何感動他的父親。他告訴我，事實上，他成為文學經紀人的目的雖然是將感動人心的故事介紹給全世界，但最大的動機還是將敘述者以書籍的形式介紹給他的父親。我怎能拒絕？

如同生命中的許多事都不是無因生，或由一個人獨力完成一樣，這件事也是在這種情況下出現的。道格不但大力協助我提出方案，更重要的，透過他的關係和他在出版界的名望，我認識了Avery出版公司——企鵝藍燈書屋旗下的子公司——了不起的卡洛琳・薩頓。她的支持、鼓勵與指導使我的故事得以以書籍的形式問世。

簽約之後，我忽然發現我已接下一個重擔和必須完成的截稿日期。幸好創意設計師請出他們的主編萊拉・羅夫拯救我。在書寫的每一個階段，幸而有這位樂於助人、勤快又細心的好人來指導我完成寫作與修改過程。她不但善於措辭，並且擅長發掘重要的細節使故事變得更生動。在她溫柔的慫恿下，我才能回顧那些不愉快的痛苦往事，使它們成為成就這本書的重要關鍵。幾乎整整兩年的時間，萊拉和我每週兩次約在清晨見面，這段期間她成為一位親近的朋友，我非常感激這段友誼。

我還要感謝我的了不起的妻子兼人生伴侶瑪莎，我盡可能不將她的支持視為理所當然。嫁給一個神經外科醫師難免有許多活動無法參加，丈夫又經常在半夜三更出門，然後精疲力竭地回來。在這種情況下，我的妻子仍支持我勇於推廣慈悲的力量去改變人的生命。為此我永遠感激她。

我還要感謝其他許多在我生命中幫助過我，以及經常為我指引方向的人。

國家圖書館出版品預行編目資料

你的心，是最強大的魔法 / 詹姆斯・多堤 著；林靜華 譯.
--初版.--臺北市：平安文化, 2016.10
面；公分. --(平安叢書;第535種)(UPWARD;67)
譯自：Into The Magic Shop
ISBN 978-986-93313-9-5(平裝)

1.多堤（Doty, James R.(James Robert, 1955-)）
2.醫師 3.傳記

785.28 105016287

平安叢書第535種
UPWARD 067

你的心，是最強大的魔法

Into The Magic Shop

作　　者—詹姆斯・多堤
譯　　者—林靜華
發 行 人—平雲
出版發行—平安文化有限公司
台北市敦化北路120巷50號
電話◎02-27168888
郵撥帳號◎18420815號
皇冠出版社(香港)有限公司
香港銅鑼灣道180號百樂商業中心
19字樓1903室
電話◎2529-1778　傳真◎2527-0904
總 編 輯—許婷婷
責任編輯—張懿祥
美術設計—嚴昱琳
著作完成日期—2016年
初版一刷日期—2016年10月
初版五刷日期—2022年5月
法律顧問—王惠光律師
有著作權・翻印必究
如有破損或裝訂錯誤，請寄回本社更換
讀者服務傳真專線◎02-27150507
電腦編號◎425067
ISBN◎978-986-93313-9-5
Printed in Taiwan
本書定價◎新台幣320元/港幣107元